Y

Y.2

FLORIAN.

L'Etude.

FABLES

DE

FLORIAN

SUIVIES

DES POÈMES DE RUTH ET TOBIE.

NOUVELLE ÉDITION

Soigneusement corrigée,

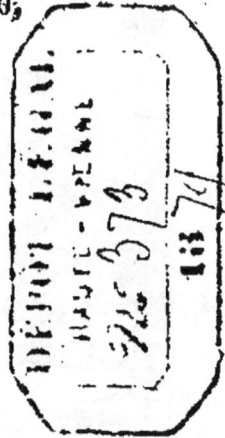

LIMOGES

F. F. ARDANT FRÈRES,
rue des Taules

PARIS

F. F. ARDANT FRÈRES,
quai des Augustins.

DE LA FABLE.

Il y a quelque temps qu'un de mes amis, me voyant occupé de faire des fables, me proposa de me présenter à un de ses oncles, vieillard aimable et obligeant, qui, toute sa vie, avait aimé de prédilection le genre de l'apologue, possédait dans sa bibliothèque presque tous les fabulistes, et relisait sans cesse La Fontaine.

J'acceptai avec joie l'offre de mon ami nous allâmes ensemble chez son oncle.

Je vis un petit vieillard de quatre-vingts ans à peu près, mais qui se tenait encore droit. Sa physionomie était douce et gaie, ses yeux vifs et spirituels; son visage, son souris, sa manière d'être, annonçaient cette paix de l'ame, cette habitude d'être heureux par soi qui se communique aux autres. On était sûr, au premier abord, que l'on voyait un honnête homme que la fortune avait respecté. Cette idée faisait plaisir, et préparait doucement le cœur à l'attrait qu'il éprouvait bientôt pour cet honnêt homme.

Il me reçut avec une bonté franche et po
lie, me fit asseoir près de lui, me pria de par
ler un peu haut, parce qu'il avait, me dit-il.
le bonheur de n'être que sourd ; et, déjè
prévenu par son neveu que je me donnais les
airs d'être un fabuliste, il me demanda si
j'aurais la complaisance de lui dire quelques-
uns de mes apologues.

Je ne me fis pas presser, j'avais déjà de la
confiance en lui. Je choisis promptement
celles de mes fables que je regardais comme
les meilleures ; je m'efforçai de les réciter de
mon mieux , de les parer de tout le prestige
du débit, de les jouer en les d ant; et je
cherchai dans les yeux de mon juge à deviner s'il était satisfait.

Il m'écoutait avec bienveillance , souriait
de temps en temps à certains traits, rappro-
chait ses sourcils à quelques autres, que je
notais en moi-même pour les corriger. Après
avoir entendu une douzaine d'apologues , il
me donna ce tribut d'éloges que les auteurs
regardent toujours comme le prix de leur
travail, et qui n'est souvent que le salaire de
leur lecture. Je le remerciai, comme il me
louait, avec une reconnaissance modérée; et
ce petit moment passé, nous commençâmes
une conversation plus cordiale.

J'ai reconnu dans vos fables, me dit-il, plusieurs sujets pris dans des fables anciennes ou étrangères.

Oui, lui répondis-je, toutes ne sont pas de mon invention. J'ai lu beaucoup de fabulistes; et lorsque j'ai trouvé des sujets qui me convenaient, qui n'avaient pas été traités par La Fontaine, je ne me suis fait aucun scrupule de m'en emparer. J'en dois quelques-uns à Ésope, à Bidpaï, à Gay, aux fabulistes allemands, beaucoup plus à un Espagnol nommé Yriarté, poète dont je fais grand cas, et qui m'a fourni mes apologues les plus heureux. Je compte bien en prévenir le public dans une préface, afin que l'on ne puisse pas me reprocher...

Oh! c'est fort égal au public, interrompit-il en riant. Qu'importe à vos lecteurs que le sujet d'une de vos fables ait été d'abord inventé par un Grec, par un Espagnol, ou par vous? L'important, c'est qu'elle soit bien faite. La Bruyère a dit: «Le choix des pensées est invention.» D'ailleurs vous avez pour vous l'exemple de La Fontaine. Il n'est guère de ses apologues que je n'aie retrouvés dans des auteurs plus anciens que lui. Mais comment y sont-ils? Si quelque chose pouvait ajouter à sa gloire, ce serait cette comparaison,

..yez donc aucune inquiétude sur ce point.

En poésie, comme à la guerre, ce qu'on prend à ses frères est vol, mais ce qu'on enlève aux étrangers est conquête.

Parlons d'une chose plus importante. Comment avez-vous considéré l'apologue?

A cette question, je demeurai surpris, je rougis un peu, je balbutiai; et, voyant bien, à l'air de bonté du vieillard, que le meilleur parti était d'avouer mon ignorance, je lui répondis, si bas qu'il me le fit répéter, que je n'avais pas encore assez réfléchi sur cette question, mais que je comptais m'en occuper quand je ferais mon discours préliminaire.

J'entends, me répondit-il : vous avez commencé par faire des fables; et quand votre recueil sera fini, vous réfléchirez sur la fable. Cette manière de procéder est assez commune, même pour des objets plus importans. Au surplus, quand vous auriez pris la marche contraire, qui sûrement eût été plus raisonnable, je doute que vos fables y eussent gagné. Ce genre d'ouvrage est peut-être le seul où les poétiques sont à peu près inutiles, où l'étude n'ajoute presque rien au talent, où, pour me servir d'une comparaison qui vous appartient, on travaille, par une spèce d'instinct, aussi bien que l'hirondelle bâtit son nid, ou bien aussi mal que le moineau fait le sien.

Cependant je ne doute point que vous n'ayez lu, dans beaucoup de préfaces de fables, que « l'apolo... est une instruction déguisée « sous l'allegorie d'une action : » définition qui, par parenthèse, peut convenir au poème épique, à la comédie, au roman, et ne pourrait s'appliquer à plusieurs fables, comme celles de *Philomèle et Progné*, de *l'Oiseau blessé d'une flèche*, du *Paon se plaignant à Junon*, du *Renard et du Buste*, etc.., qui proprement n'ont point d'action, et dont tout le sens est renfermé dans le seul mot de la fin ; ou comme celles de *l'Ivrogne et sa Femme*, du *Rieur et des Poissons*, de *Tircis et Amarante*, du *Testament expliqué par Ésope*, qui n'ont que le mérite assez grand d'être parfaitement contées, et qu'on serait bien fâché de retrancher, quoiqu'elles n'aient point de morale. Ainsi cette définition, reçue de tous les temps, ne me paraît pas toujours juste.

Vous avez lu sûrement encore, dans le très ingénieux discours que feu M. de la Motte a mis à la tête de ses fables, que, « pour faire « un bon apologue, il faut d'abord se propo-

« ser une vérité morale, la cacher sous l'al-
« légorie d'une image qui ne pèche ni contre
« la justesse, ni contre l'unité, ni contre la
« nature; amener ensuite des acteurs que l'on
« fera parler dans un style familier mais élé-
« gant, simple mais ingénieux, animé de ce
« qu'il y a de plus riant et de plus gracieux,
« en distinguant bien les nuances du riant et
« du gracieux, du naturel et du naïf. »

Tout cela est plein d'esprit, j'en conviens:
mais quand on saura toutes ces finesses, on
sera tout au plus en état de prouver, comme
l'a fait M. de la Motte, que la fable des *deux
Pigeons* est une fable imparfaite, car elle
pèche *contre l'unité;* que celle du *Lion
amoureux* est encore moins bonne, *car l'i-
mage entière est vicieuse*[1]. Mais pour le malheur des définitions et des règles, tout le
monde n'en sait pas moins par cœur l'admirable fable des *deux Pigeons*, tout le monde
n'en répète pas moins souvent ces vers du
Lion amoureux:

> Amour, Amour, quand tu nous tiens,
> On peut bien dire, adieu prudence;

et personne ne se soucie de savoir qu'on peut

OEuvres de la Motte, Discours sur la fable, tom. IX,
pages 22 et suiv.

démontrer rigourcusement que ces deux fables sont contre les règles.

Vous exigerez peut-être de moi, en me voyant critiquer avec tant de sévérité les définitions, les préceptes donnés sur la fable, que j'en indique de meilleurs : mais je m'en garderai bien, car je suis convaincu que ce genre ne peut être défini et ne peut avoir de préceptes. Boileau n'en a rien dit dans son *Art poétique ;* et c'est peut-être parce qu'il avait senti qu'il ne pouvait le soumettre à ses lois. Ce Boileau, qui assurement était poète, avait fait la fable de *la Mort et du Malheureux* en concurrence avec La Fontaine. J.-B. Rousseau, qui était poète aussi, traita le même sujet. Lisez dans M. d'Alembert[1] ces deux apologues comparés avec celui de La Fontaine ; vous trouverez la même morale la même image, la même marche, presque les mêmes expressions ; cependan les deux fables de Boileau et de Rousseau sont au moins très médiocres, et celle de La Fontaine est un chef-d'œuvre.

La raison de cette différence nous est parfaitement développée dans un excellent mor-

---

(1) Histoire des membres de l'Académie française, ome III.

ceau sur la fable, de M. Marmontel[1]. Il n'y
donne pas les moyens d'écrire de bonnes
fables, car ils ne peuvent pas se donner; il
n'expose point les principes, les règles qu'il
faut observer, car je répète que dans ce
genre il n'y en a point : mais il est le premier, ce me semble, qui nous ait expliqué
pourquoi l'on trouve un si grand charme à
lire La Fontaine, d'où vient l'illusion que
nous cause cet inimitable écrivain. « Non-
« seulement, dit M. Marmontel, La Fontaine
« a ouï dire ce qu'il raconte, mais il l'a vu,
« il croit le voir encore. Ce n'est pas un
« poète qui imagine, ce n'est pas un con-
« teur qui plaisante; c'est un témoin présent
« à l'action, et qui veut vous y rendre pré-
« sent vous-même : son érudition, son élo-
« quence, sa philosophie, sa politique, tout
« ce qu'il a d'imagination, de mémoire, de
« sentiment, il met tout en œuvre, de la
« meilleure foi du monde, pour vous per-
« suader; et c'est cet air de bonne foi, c'est
« le sérieux avec lequel il mêle les plus
« grandes choses avec les plus petites, c'est
« l'importance qu'il attache à des jeux d'en-
« fans, c'est l'intérêt qu'il prend pour un la

(1) Élémens de littérature, tome III.

« pin et une belette, qui font qu'on est tenté
« de s'écrier à chaque instant : Le bon-
« homme ! etc. »

M. Marmontel a raison ; quand ce mot est
dit, on pardonne tout à l'auteur, on ne s'offense plus des leçons qu'il nous fait, des vérités qu'il nous apprend ; on lui permet de
prétendre à nous enseigner la sagesse, prétention que l'on a tant de peine à passer à
son égal. Mais un *bon homme* n'est plus notre
égal : sa simplicité crédule, qui nous amuse,
qui nous fait rire, nous délivre à nos yeux de
sa supériorité ; on respire alors, on peut har-
diment sentir le plaisir qu'il nous donne ; on
peut l'admirer et l'aimer sans se compro-
mettre.

Voilà le grand secret de La Fontaine, secret qui n'était son secret que parce qu'il l'i-
gnorait lui-même.

Vous me prouvez, lui répondis-je assez
tristement, qu'à moins d'être un La Fontaine
il ne faut pas faire de fables ; et vous sentez
que la seule réponse à cette affligeante vérité
c'est de jeter au feu mes apologues. Vous
m'en donnez une forte tentation ; et comme,
dans les sacrifices un peu pénibles, il faut toujours profiter du moment où l'on se trouve
en force, je vais, en rentrant chez moi...

Faire une sottise, interrompit-il; sottise dont vous ne seriez point tenté, si vous aviez moins d'orgueil d'une part, et de l'autre plus de véritable admiration pour La Fontaine.

Comment! repris-je d'un ton presque fâché, quelle plus grande preuve de modestie puis je donner que de brûler un ouvrage qui m'a coûté des années de travail? et quel plus grand hommage peut recevoir de moi l'admirable modèle dont je ne puis jamais approcher?

Monsieur le fabuliste, me dit le vieillard en souriant, notre conversation pourra vous fournir deux bonnes fables, l'une sur l'amour-propre, l'autre sur la colère. En attendant, permettez-moi de vous faire une question que je veux aussi habiller en apologue.

Si la plus belle des femmes, Hélène par exemple, régnait encore à Lacédémone, et que tous les Grecs, tous les étrangers, fussent ravis d'admiration en la voyant paraître dans les jeux publics, ornée d'abord de ses attraits enchanteurs, de sa grace, de sa beauté divine, et puis encore de l'éclat que donne la royauté, que penseriez-vous d'une petite paysanne ilote, que je veux bien supposer jeune, fraîche, avec des yeux noirs, et qui, voyant paraître la reine, se croirait obligée d'aller se cacher? Vous lui diriez. Ma chère enfant, pourquoi vous priver des jeux? Personne, je vous assure, ne songe à vous comparer avec la reine de Sparte. Il n'y a qu'une Hélène au monde; comment vous vient-il dans la tête que l'on puisse songer à deux? Tenez-vous à votre place. La plupart des Grecs ne vous regarderont pas, car la reine est là-haut, et vous êtes ici. Ceux qui vous regarderont, vous ne les ferez pas fuir. Il y en a même qui peut-être vous trouveront à leur gré: vous en ferez vos amis, et vous admirerez avec eux la heauté de cette reine du monde.

Quand vous lui auriez dit cela, si la petite fille voulait encore s'aller cacher, ne lui conseilleriez-vous point d'avoir moins d'orgueil d'une part, et de l'autre plus d'admiration pour Hélène?

Vous m'entendez; et je ne crois pas nécessaire, ainsi que l'exige M. de la Motte, de placer la moralité à la fin de mon apologue.

Ne brûlez donc point vos fables, et soyez sûr que La Fontaine est si divin, que beaucoup de places infiniment au-dessous de la sienne sont encore très belles. Si vous pouvez en avoir une, je vous en ferai mon compliment. Pour cela, vous n'avez besoin que de deux choses que je vais tâcher de vous expliquer.

Quoique je vous aie dit que je ne connais point de définition juste et précise de l'apologue, j'adopterais pour la plupart celle que La Fontaine lui-même a choisie, lorsqu'en parlant du recueil de ses fables il l'appelle,

> Une ample comédie à cent actes divers,
> Et dont la scène est l'univers.

En effet, un apologue est une espèce de petit drame; il a son exposition, son nœud, son dénouement. Que les acteurs en soient des animaux, des dieux, des arbres, des hommes, il faut toujours qu'ils commencent par me dire ce dont il s'agit, qu'ils m'intéressent à une situation, à un événement quelconque, et qu'ils finissent par me laisser satisfait, soit de cet événement, soit quelquefois d'un simple mot, qui est le résultat moral de tout ce qu'on a dit ou fait. Il me serait aisé, si je ne craignais d'être trop bavard, de prendre au hasard une fable de La Fontaine, et de vous y faire voir l'avant-scène, l'exposition, faite souvent par un monologue, comme dans la fable du *Berger et son Trou-peau;* l'intérêt commençant avec la situation, comme dans *la Colombe et la Fourmi;* le danger croissant d'acte en acte, car il y en a de plusieurs actes, comme *l'Alouette et ses Petits avec le Maître d'un champ;* et le dénouement enfin, mis quelquefois en spectacle, comme dans *le Loup devenu berger,* plus communément en simple récit.

Cela posé, comme le fabuliste ne peut être aidé par de véritables acteurs, par le prestige du théâtre, et qu'il doit cependant me donner la comédie, il s'ensuit que son premier besoin, son talent le plus nécessaire, doit être celui de peindre : car il faut qu'il montre aux regards ce théâtre, ces acteurs qui lui manquent; il faut qu'il fasse lui-même ses décorations, ses habits; que non-seulement il écrive ses rôles, mais qu'il les joue en les écrivant; et qu'il exprime à la fois les gestes, les attitudes, les mines, les jeux de visage, qui ajoutent tant à l'effet des scènes.

Mais ce talent de peindre ne suffirait pas pour le genre de la fable, s'il ne se trouvait réuni avec celui de conter gaîment : art difficile et peu commun; car la gaîté que j'entends est à la fois celle de l'esprit et celle du caractère. C'est ce don, le plus désirable

sans doute puisqu'il vient presque toujours
de l'innocence, qui nous fait aimer des autres
parce que nous pouvons nous aimer nous
mêmes ; change en plaisirs toutes nos ac
tions, et souvent tous nos devoirs ; nous
délivre, sans nous donner la peine de l'at
tention, d'une foule de défauts pénibles
pour nous orner de mille qualités qui ne
coûtent jamais d'efforts. Enfin cette gaîté,
selon moi, est la véritable philosophie, qui
se contente de peu sans savoir que c'est un
mérite, supporte avec résignation les maux
inévitables de la vie sans avoir besoin de se
dire que l'impatience n'y changerait rien, et
sait encore faire le bonheur de ceux qui nous
environnent du seul supplément de notre
propre bonheur.

Voilà la gaîté que je veux dans l'écrivain
qui raconte : elle entraîne avec elle le naturel, la grace, la naïveté. Le talent de peindre,
comme vous savez, comprend le mérite du
style et le grand art de faire des vers qui
soient toujours de la poésie. Ainsi je conclus
que tout fabuliste qui réunira ces deux qualités pourra se flatter, non pas d'être l'égal
de La Fontaine, mais d'être souffert après
lui.

Parlez-vous sérieusement, lui dis-je, et

prétendez-vous m'encourager? Si tout ce
que vous venez de détailler n'est que le
moins qu'on puisse exiger d'un fabuliste,
que voulez-vous que je devienne? Ou laissez-
moi brûler mes fables, ou ne me démontrez
pas qu'elles ne réussiront point. Je pour-
rais vous répondre pourtant que l'élégant
Phèdre n'est rien moins que gai, que le la-
conique Ésope ne l'est pas beaucoup davantage, que l'Anglais Gay n'est presque jamais
qu'un philosophe de mauvaise humeur, et
que cependant...

Ces messieurs-là, reprit le vieillard, n'on
rien de commun avec vous. Indépendamment de la différence de leur nation, de leur
siècle, de leur langue, songez que Phèdre
fut le premier chez les Romains qui écrivit
des fables en vers, que Gay fut de même le
premier chez les Anglais. Je ne prétends
pas assurément leur disputer leur mérite:
mais croyez que ce mot de *premier* ne laisse
pas de faire à la réputation des hommes.
Quant à votre Ésope, je ne dirai pas qu'il
fut aussi le premier chez les Grecs, car je
suis persuadé qu'il n'a jamais existé.

Quoi! répliquai-je, cet Ésope dont nous
avons les ouvrages, dont j'ai lu la vie dans
Méziriac, dans La Fontaine, dans tant d'au-

tres, ce Phrygien si fameux par sa laideur, par son esprit, par sa sagesse, n'aurait été qu'un personnage imaginaire? Quelles preuves en avez-vous? Et qui donc, à votre avis, est l'inventeur de l'apologue?

Vous pressez un peu les questions, reprit-il avec douceur, et vous allez m'engager dans une discussion scientifique à laquelle ie ne suis guère propre, car on ne peut être moins savant que moi. Pour ce qui regarde Ésope, je vous renvoie à une dissertation fort bien faite de feu M. Boulanger, *sur les incertitudes qui concernent les premiers écrivains de l'antiquité.* Vous y verrez que cet Ésope, si renommé par ses apologues, et que les historiens ont placé dans le sixième siècle avant notre ère, se trouve à la fois le contemporain de Crésus roi de Lydie, d'un Necténabo roi d'Égypte, qui vivait cent quatre-vingts ans après Crésus, et de la courtisane Rhodope, qui passe pour avoir élevé une de ces fameuses pyramides bâties au moins dix-huit cents ans avant Crésus. Voilà déjà d'assez grands anachronismes pour rejeter comme fabuleuses toutes les vies d'Ésope.

Quant à ses ouvrages, les Orientaux les réclament et les attribuent à Lockman, fabuliste célèbre en Asie depuis des milliers d'années, surnommé *le Sage* par tout l'Orient, et qui passe pour avoir été, comme Esope, esclave, laid et contrefait.

M. Boulanger, par des raisons très plausibles, démontre à peu près qu'Ésope et ockman ne sont qu'un. Il est vrai qu'il donne ensuite des raisons presque aussi bonnes, tirées de l'étymologie, de la ressemblance des noms phéniciens, hébreux, arabes, pour prouver que ce Lockman *le Sage* pourrait fort bien être le roi Salomon. Il va plus loin ; et, comparant toujours les identités, les rapports des noms, les similitudes des anecdotes, il en conclut que ce Salomon, si révéré dans l'Orient pour sa sagesse, son esprit, sa puissance, ses ouvrages, était Joseph, fils de Jacob, premier ministre d'Égypte. De là, revenant à Ésope, il fait un rapprochement fort ingénieux d'Ésope et de Joseph, tous deux réduits à l'esclavage et faisant prospérer la maison de leur maître, tous deux enviés, persécutés, et pardonnant à leurs ennemis ; tous deux voyant en songe leur grandeur future, et sortant d'esclavage à l'occasion de ce songe ; tous deux excellant dans l'art d'interpréter les choses cachées ; enfin tous deux favoris et

ministres, l'un du Pharaon d'Égypte, l'autre
du roi de Babylone.

Mais, sans adopter toutes les opinions de
M. Boulanger, je me borne à regarder
comme à peu près sûr que ce prétendu
Ésope n'est qu'un nom supposé sous lequel
on répandit dans la Grèce des apologues
connus long-temps auparavant dans l'O
rient. Tout nous vient de l'Orient; et c'est
la fable, sans aucun doute, qui a le plus conservé du caractère et de la tournure de l'esprit asiatique. Ce goût de paraboles, d'é-
nigmes, cette habitude de parler toujours
par images, d'envelopper les préceptes d'un
voile qui semble les conserver, durent encore en Asie; leurs poètes, leurs philosophes,
n'ont jamais écrit autrement.

Oui, lui dis-je, je suis de votre avis sur ce
point: mais quel est le pays de l'Asie que
vous regardez comme le berceau de la fable?

Là-dessus, me répondit-il, je me suis fait
un petit système qui pourrait bien n'être pas
plus vrai que tant d'autres: mais comme
c'est peu important, je ne m'en suis pas re-
fusé le plaisir.

Nulle part on n'a dû s'occuper davantage des animaux que chez le peuple où la métempsycose était un dogme reçu. Dès qu'on a pu croire que notre ame passait après notre mort dans le corps de quelque animal, on n'a rien eu de mieux à faire, rien de plus raisonnable, rien de plus conséquent, que d'étudier avec soin les mœurs, les habitudes, la façon de vivre de ces animaux si intéressans, puisqu'ils étaient à la fois pour l'homme l'avenir et le passé, puisqu'on voyait toujours en eux ses pères, ses enfans et soi-même.

De l'étude des animaux, de la certitude qu'ils ont notre ame, on a dû passer aisément à la croyance qu'ils ont un langage. Certaines espèces d'oiseaux l'indiquent même sans cela. Les étourneaux, les perdrix, les pigeons, les hirondelles, les corbeaux, les grues, les poules, une foule d'autres, ne vivent jamais que par grandes troupes. D'où viendrait ce besoin de société, s'ils n'avaient pas le don de s'entendre? Cette seule question dispense d'autres raisonnemens qu'on pourrait alléguer.

Montaigne a dit que « notre sapience apprend des bêtes les plus utiles enseignemens aux plus grandes et plus nécessaires parties de la vie. » En effet, sans parler des

chiens, des chevaux, de plusieurs autres animaux, dont l'attachement, la bonté, la résignation, devraient sans cesse faire honte aux
hommes, je ne veux prendre pour exemple
que les mœurs du chevreuil, de cet animal
si joli, si doux, qui ne vit point en société,
mais en famille; épouse toujours, à la ma
nière des Guèbres, la sœur avec laquelle il
vint au monde, avec laquelle il fut élevé; qui
demeure avec sa compagne, près de son
père et de sa mère, jusqu'à ce que, père à
son tour, il aille se consacrer à l'éducation
de ses enfans, leur donner les leçons d'a-
mour, d'innocence, de bonheur, qu'il a re-
çues et pratiquées; qui passe enfin sa vie
entière dans les douceurs de l'amitié, dans
les jouissances de la nature, et dans cette
heureuse ignorance, cette imprévoyance des
maux, « cette incuriosité qui, comme dit le
« bon Montaigne, est un chevet si doux, si
« sain à reposer une tête bien faite. »
Pensez-vous que le premier philosophe
qui a pris la peine de rapprocher de ces
mœurs si pures, si douces, nos intrigues,
nos haines, nos crimes; de comparer avec
mon chevreuil, allant paisiblement au ga-
gnage, l'homme, caché derrière un buisson
armé de l'arc qu'il a inventé pour tuer de

plus loin ses frères, et employant ses soins, son adresse, à contrefaire le cri de la mère du chevreuil, afin que son enfant trompé venant à ce cri qui l'appelle[1], reçoive un mort plus sûre des mains du perfide assassin; pensez-vous, dis-je, que ce philosophe n'ait pas aussitôt imaginé de faire causer ensemble les chevreuils pour reprocher à l'homme sa barbarie, pour lui dire les vérités dures que mon philosophe n'aurait pu hasarder sans s'exposer aux effets cruels de l'amour-propre irrité? Voilà la fable inventée; et, si vous avez pu me suivre dans mon diffus verbiage, vous devez conclure avec moi que l'apologue a dû naître dans l'Inde, et que le premier fabuliste fut sûrement un brachmane.

Ici le peu que nous savons de ce beau pays s'accorde avec mon opinion. Les apologues de Bidpaï sont le plus ancien monument que l'on connaisse dans ce genre; et Bidpaï était un brachmane. Mais comme il vivait sous un roi puissant dont il fut le premier ministre, ce qui suppose un peuple civilisé dès long-temps, il est assez vraisemblable que ses fables ne furent pas les premières

_____

(1) C'est ainsi qu'on tue les chevreuils.

Peut-être même n'est-ce qu'un recueil des apologues qu'il avait appris à l'école des gymnosophistes, dont l'antiquité se perd dans la nuit des temps. Ce qu'il y a de sûr, c'est que ces apologues indiens, parmi lesquels on trouve *les deux Pigeons*, ont été traduits dans toutes les langues de l'Orient, tantôt sous le nom de Bidpaï ou Pilpaï, tantôt sous celui de Lockman. Ils passèrent ensuite en Grèce sous le titre de fables d'Ésope. Phèdre les fit connaître aux Romains. Après Phèdre, plusieurs Latins, Aphthonius[1], Avien, Gabrias, composèrent aussi des fables. D'autres fabulistes plus modernes, tels que Faërne, Abstémius, Camérarius, en donnèrent des recueils, toujours en latin, jusqu'à la fin du seizième siècle qu'un nommé Hégémon, de Châlons-sur-Saône, s'avisa le premier de faire des fables en vers français. Cent ans après, La Fontaine parut; et La Fontaine fit oublier toutes les fables passées et, je tremble de vous le dire, vraisemblablement aussi toutes les fables futures. Cependant M. de la Motte et quelques autres fabulistes très estimables de notre temps ont

(1) Aphthonius et Gabrias ou Babrias sont deux fabulistes grecs. C'est par erreur que Florian les place ici parmi les fabulistes latins. (*Note de l'éditeur.*)

eu, depuis La Fontaine, des succès mérités. Je ne les juge pas devant vous, parce que ce sont vos rivaux ; je me borne à vous souhaiter de les valoir.

Voilà l'histoire de la fable, telle que je la conçois et la sais. Je vous l'ai faite pour mon plaisir peut-être plus que pour le vôtre. Pardonnez cette digression à mon âge et à mon goût pour l'apologue.

À ces mots le vieillard se tut. Je crois qu'il en était temps, car il commençait à se fatiguer. Je le remerciai des instructions qu'il m'avait données, et lui demandai la permission de lui porter le recueil de mes fables, pour qu'il voulût bien retrancher d'une main plus ferme que la mienne celles qu'il trouverait mauvaises, et m'indiquer les fautes susceptibles d'être corrigées dans celles qu'il laisserait. Il me le promit, me donna rendez-vous à huit jours de là. On juge que je fus exact à ce rendez-vous : mais quelle fut ma douleur, lorsque, arrivant avec mon manuscrit, j'appris à la porte du vieillard qu'il était mort de la veille ! Je le regrettai comme un bienfaiteur, car il l'aurait été, et c'est la même chose. Je ne me sentis pas le courage de corriger sans lui mes apologues, encore moins celui d'en retrancher, et privé de conseil, de guide, précisément à l'instant où l'on m'avait fait sentir combien j'en avais besoin, pour me délivrer du soin fatigant de songer sans cesse à mes fables, je pris le parti de les imprimer. C'est à présent au public à faire l'office du vieillard : peut-être trouverai-je en lui moins de politesse, mais *il* trouvera dans moi la même docilité.

FABLES
DE FLORIAN

•••

LIVRE PREMIER.

—•◦•—

FABLE I.

LA FABLE ET LA VÉRITÉ.

La Vérité toute nue
Sortit un jour de son puits.
Ses attraits par le temps étaient un peu détruits.
Jeunes et vieux fuyaient sa vue.
La pauvre Vérité restait là morfondue,
Sans trouver un asile où pouvoir habiter.
A ses yeux vient se présenter
La Fable richement vêtue,
Portant plumes et diamans,
La plupart faux, mais très brillans.
Eh! vous voilà, bonjour, dit-elle :
Que faites-vous ici seule sur le chemin?
La Vérité répond : Vous le voyez, je gèle.
Aux passans je demande en vain
De me donner une retraite,
Je leur fais peur à tous. Hélas! je le vois bien,
Vieille femme n'obtient plus rien.

Vous êtes pourtant ma cadette,
Dit la Fable, et, sans vanité,
Partout je suis fort bien reçue.
Mais aussi, dame Vérité,
Pourquoi vous montrer toute nue ?
Cela n'est pas adroit. Tenez, arrangeons-nous ;
Qu'un même intérêt nous rassemble :
Venez sous mon manteau, nous marcherons ensemble.
Chez le sage, à cause de vous,
Je ne serai point rebutée ;
A cause de moi, chez les fous
Vous ne serez point maltraitée.
Servant par ce moyen chacun selon son goût,
Grace à votre raison et grace à ma folie,
Vous verrez, ma sœur, que partout
Nous passerons de compagnie.

FABLE II.

LE BŒUF, LE CHEVAL ET L'ANE.

Un bœuf, un baudet, un cheval,
Se disputaient la préséance.
Un baudet ! direz-vous, tant d'orgueil lui sied mal.
qui l'orgueil sied-il ? et qui de nous ne pense
Valoir ceux que le rang, les talens, la naissance,
Élèvent au-dessus de nous ?
Le bœuf, d'un ton modeste et doux,
Alléguait ses nombreux services
Sa force, sa docilité ;
Le coursier sa valeur, ses nobles exercices,
Et l'âne son utilité.
Prenons, dit le cheval, les hommes pour arbitres.
En voici venir trois, exposons-leur nos titres.

Si deux sont d'un avis, le procès est jugé.
Les trois hommes venus, notre bœuf est chargé
D'être le rapporteur; il explique l'affaire,
     Et demande le jugement.
Un des juges choisis, maquignon bas-normand,
     Crie aussitôt : La chose est claire,
Le cheval a gagné. Non pas, mon cher confrère,
Dit le second jugeur, c'était un gros meûnier;
     L'âne doit marcher le premier :
Tout autre avis serait d'une injustice extrême.
     Oh que nenni! dit le troisieme,
Fermier de la paroisse et riche laboureur,
     Au bœuf appartient cet honneur.
Quoi! reprend le coursier, écumant de colère,
Votre avis n'est dicté que par votre intérêt?
Eh mais! dit le Normand, par quoi donc, s'il vous plaît!
     N'est-ce pas le code ordinaire?

FABLE III.

LE ROI ET LES DEUX BERGERS.

CERTAIN monarque un jour déplorait sa misère,
     Et se lamentait d'être roi :
Quel pénible métier! disait-il; sur la terre
Est-il un seul mortel contredit comme moi?
Je voudrais vivre en paix, on me force à la guerre;
Je chéris mes sujets, et je mets des impôts;
J'aime la vérité, l'on me trompe sans cesse;
     Mon peuple est accablé de maux,
     Je suis consumé de tristesse :
     Partout je cherche des avis,
Je prends tous les moyens, inutile est ma peine;
     Plus j'en fais, moins je réussis.

Notre monarque alors aperçoit dans la plaine
Un troupeau de moutons maigres, de près tondus,
Des brebis sans agneaux, des agneaux sans leurs mères,
  Dispersés, bêlans, éperdus,
Et des béliers sans force errant dans les bruyères.
 Leur conducteur Guillot allait, venait, courait,
Tantôt à ce mouton qui gagne la forêt,
Tantôt à cet agneau qui demeure derrière,
  Puis à sa brebis la plus chère;
  Et tandis qu'il est d'un côté
Un loup prend un mouton qu'il emporte bien vite;
  berger court; l'agneau qu'il quitte
  Par une louve est emporté.
  Guillot tout haletant s'arrête,
Arrache les cheveux, ne sait plus où courir,
  Et de son poing frappant sa tête,
  Il demande au ciel de mourir.
  Voilà bien ma fidèle image!
Ecria le monarque; et les pauvres bergers,
Comme nous autres rois, entourés de dangers,
  N'ont pas un plus doux esclavage:
Cela console un peu. Comme il disait ces mots,
Il découvre en un pré le plus beau des troupeaux,
Des moutons gras, nombreux, pouvant marcher à peine
  Tant leur riche toison les gêne,
Des béliers grands et fiers, tous en ordre paissans,
Des brebis fléchissant sous le poids de la laine,
  Et de qui la mamelle pleine
Fait accourir de loin les agneaux bondissans.
Leur berger, mollement étendu sous un hêtre,
  Faisait des vers pour son Iris,
Les chantait doucement aux échos attendris,
Et puis répétait l'air sur son hautbois champêtre.
Le roi tout étonné disait: Ce beau troupeau
Sera bientôt détruit; les loups ne craignent guère
  pasteurs amoureux qui chantent leur bergère.

On les écarte mal avec un chalumeau.
Ah! comme je rirais!... Dans l'instant le loup passe,
 Comme pour lui faire plaisir;
Mais à peine il paraît, que, prompt à le saisir,
 Un chien s'élance et le terrasse.
 Au bruit qu'ils font en combattant,
Deux moutons effrayés s'écartent dans la plaine :
 Un autre chien part, les ramène,
Et pour rétablir l'ordre il suffit d'un instant.
Le berger voyait tout couché dessus l'herbette,
 Et ne quittait pas sa musette.
 Alors le roi presque en courroux
Lui dit : Comment fais-tu? Les bois sont pleins de loups,
Tes moutons gras et beaux sont au nombre de mille,
 Et, sans en être moins tranquille,
Dans cet heureux état toi seul tu les maintiens!
Sire, dit le berger, la chose est fort facile;
Tout mon secret consiste à choisir de bons chiens.

FABLE IV.

LES DEUX VOYAGEURS.

Le compère Thomas et son ami Lubin
Allaient à pied tous deux à la ville prochaine.
 Thomas trouve sur son chemin
 Une bourse de louis pleine;
Il l'empoche aussitôt. Lubin, d'un air content,
 Lui dit : pour nous la bonne aubaine!
 Non, répond Thomas froidement,
Pour nous n'est pas bien dit, *pour moi* c'est différent.
Lubin ne souffle plus : mais, en quittant la plaine,
Ils trouvent des voleurs cachés au bois voisin.
 Thomas tremblant, et non sans cause,

3

Dit : Nous sommes perdus! Non, lui répond Lubin,
Nous n'est pas le vrai mot; mais *toi* c'est autre chose.
Cela dit, il s'échappe à travers les taillis.
Immobile de peur, Thomas est bientôt pris :
    Il tire la bourse et la donne.

Qui ne songe qu'à soi quand sa fortune est bonne,
    Dans le malheur n'a point d'amis.

FABLE V.

LES SERINS ET LE CHARDONNERET.

Un amateur d'oiseaux avait, en grand secret,
    Parmi les œufs d'une serine
    Glissé l'œuf d'un chardonneret.
La mère des serins, bien plus tendre que fine,
Ne s'en aperçut point, et couva comme sien
    Cet œuf qui dans peu vint à bien.
Le petit étranger, sorti de sa coquille,
Des deux époux trompés reçoit les tendres soins;
    Par eux traité ni plus ni moins
    Que s'il était de la famille.
Couché dans le duvet, il dort le long du jour
A côté des serins dont il se croit le frère,
    Reçoit la béquée à son tour,
Et repose la nuit sous l'aile de la mère.
Chaque oisillon grandit, et, devenant oiseau,
    D'un brillant plumage s'habille;
Le chardonneret seul ne devient point jonquille,
Et ne s'en croit pas moins des serins le plus beau.
    Ses frères pensent tout de même :
Douce erreur qui toujours fait voir l'objet qu'on aime
    Ressemblant à nous trait pour trait!

Jaloux de son bonheur, un vieux chardonneret
Vient lui dire : il est temps enfin de vous connaître ;
Ceux pour qui vous avez de si doux sentimens
    Ne sont point du tout vos parens.
C'est d'un chardonneret que le sort vous fit naître.
Vous ne fûtes jamais serin : regardez-vous,
Vous avez le corps fauve et la tête écarlate,
Le bec... Oui, dit l'oiseau ; j'ai ce qu'il vous plaira :
    Mais je n'ai point une ame ingrate,
    Et mon cœur toujours chérira
    Ceux qui soignèrent mon enfance.
Si mon plumage au leur ne ressemble pas bien,
  J'en suis fâché ; mais leur cœur et le mien
    Ont une grande ressemblance.
Vous prétendez prouver que je ne leur suis rien,
    Leurs soins me prouvent le contraire :
    Rien n'est vrai comme ce qu'on sent.
    Pour un oiseau reconnaissant
    Un bienfaiteur est plus qu'un père.

FABLE VI.

LE CHAT ET LE MIROIR.

Philosophes hardis, qui passez votre vie
A vouloir expliquer ce qu'on n'explique pas,
    Daignez écouter, je vous prie,
    Ce trait du plus sage des chats.
    Sur une table de toilette
    Ce chat aperçut un miroir ;
Il y saute, regarde, et d'abord pense voir
    Un de ses frères qui le guette.
Notre chat veut le joindre, il se trouve arrêté.
Surpris, il juge alors la glace transparente,

Et passe de l'autre côté,
Ne trouve rien, revient, et le chat se présente.
Il réfléchit un peu : de peur que l'animal,
　　　Tandis qu'il fait le tour, ne sorte,
Sur le haut du miroir il se met à cheval
Une patte par-ci, l'autre par-là ; de sorte
　　　Qu'il puisse partout le saisir.
　　　Alors, croyant bien le tenir,
Doucement vers la glace il incline la tête,
Aperçoit une oreille, et puis deux... A l'instant,
　　　A droite, à gauche, il va jetant
　　　Sa griffe qu'il tient toute prête :
Mais il perd l'équilibre, il tombe et n'a rien pris.
　　　Alors, sans davantage attendre,
Sans chercher plus long-temps ce qu'il ne peut comprendre,
Il laisse le miroir et retourne aux souris :
Que m'importe, dit-il, de percer ce mystère ?
　　　Une chose que notre esprit,
Après un long travail, n'entend ni ne saisit,
　　　Ne nous est jamais nécessaire.

FABLE VII.

LA CARPE ET LES CARPILLONS.

Prenez garde, mes fils, côtoyez moins le bord,
　　　Suivez le fond de la rivière ;
　　　Craignez la ligne meurtrière,
　　　Ou l'épervier plus dangereux encor.
C'est ainsi que parlait une carpe de Seine
A de jeunes poissons qui l'écoutaient à peine.
C'était au mois d'avril : les neiges, les glaçons,
Fondus par les zéphyrs, descendaient des montagnes ;
Le fleuve enflé par eux s'élève à gros bouillons,

Et déborde dans les campagnes.
Ah! ah! criaient les carpillons,
Qu'en dis-tu, carpe radoteuse?
Crains-tu pour nous les hameçons?
Nous voilà citoyens de la mer orageuse;
Regarde : on ne voit plus que les eaux et le ciel,
    Les arbres sont cachés sous l'onde,
    Nous sommes les maîtres du monde,
    C'est le déluge universel.
Ne croyez pas cela, répond la vieille mère;
Pour que l'eau se retire il ne faut qu'un instant :
Ne vous éloignez point, et, de peur d'accident,
Suivez, suivez toujours le fond de la rivière.
Bah! disent les poissons, tu répètes toujours
    Même discours.
Adieu, nous allons voir notre nouveau domaine.
    Parlant ainsi, nos étourdis
    Sortent tous du lit de la Seine,
Et s'en vont dans les eaux qui couvrent le pays.
    Qu'arriva-t-il? Les eaux se retirèrent,
    Et les carpillons demeurèrent;
      Bientôt ils furent pris
        Et frits.

    Pourquoi quittaient-ils la rivière?
    Pourquoi? Je le sais trop, hélas!
C'est qu'on se croit toujours plus sage que sa mère,
    C'est qu'on veut sortir de sa sphère,
  C'est que... c'est que... Je ne finirais pas.

FABLE VIII.

LE CALIFE.

Autrefois dans Bagdad le calife Almamon
Fit bâtir un palais plus beau, plus magnifique,
Que ne le fut jamais celui de Salomon.
Cent colonnes d'albâtre en formaient le portique;
L'or, le jaspe, l'azur, décoraient le parvis;
Dans les appartemens embellis de sculpture,
Sous les lambris de cèdre, on voyait réunis
Et les trésors du luxe et ceux de la nature,
Les fleurs, les diamans, les parfums, la verdure,
Les myrtes odorans, les chefs-d'œuvre de l'art,
    Et les fontaines jaillissantes
    Roulant leurs ondes bondissantes
    A côté des lits de brocard.
Près de ce beau palais, juste devant l'entrée,
Une étroite chaumière, antique et délabrée
D'un pauvre tisserand était l'humble réduit.
    Là, content du petit produit
D'un grand travail, sans dette et sans soucis pénibles,
    Le bon vieillard, libre, oublié,
    Coulait des jours doux et paisibles,
    Point envieux, point envié.
    J'ai déjà dit que sa retraite
    Masquait le devant du palais.
Le visir veut d'abord, sans forme de procès,
    Qu'on abatte la maisonnette;
Mais le calife veut que d'abord on l'achète.
Il fallut obéir : on va chez l'ouvrier,
On lui porte de l'or. Non, gardez votre somme,
    Répond doucement le pauvre homme;

Je n'ai besoin de rien avec mon atelier :
Et, quant à ma maison, je ne puis m'en défaire ;
C'est là que je suis né, c'est là qu'est mort mon père,
    Je prétends y mourir aussi.
Le calife, s'il veut, peut me chasser d'ici,
    Il peut détruire ma chaumière :
    Mais, s'il le fait, il me verra
Venir, chaque matin, sur la dernière pierre
    M'asseoir et pleurer ma misère.
Je connais Almamon, son cœur en gémira.
Cet insolent discours excita la colère
Du visir, qui voulait punir ce téméraire
Et sur-le-champ raser sa chétive maison.
    Mais le calife lui dit : Non,
J'ordonne qu'à mes frais elle soit réparée ;
    Ma gloire tient à sa durée :
Je veux que nos neveux, en la considérant,
Y trouvent de mon règne un monument auguste ;
En voyant le palais ils diront : Il fut grand ;
En voyant la chaumière ils diront : Il fut juste.

FABLE IX.

LA MORT.

La Mort, reine du monde, assembla, certain jour,
    Dans les enfers toute sa cour.
Elle voulait choisir un bon premier ministre
Qui rendît ses États encor plus florissans.
    Pour remplir cet emploi sinistre,
Du fond du noir Tartare avancent à pas lents
    La Fièvre, la Goutte et la Guerre.
    C'étaient trois sujets excellens ;
    Tout l'enfer et toute la terre

Rendaient justice à leurs talens.
La Mort leur fit accueil. La Peste vint ensuite.
On ne pouvait nier qu'elle n'eût du mérite,
    Nul n'osait lui rien disputer;
Lorsque d'un médecin arriva la visite,
Et l'on ne sut alors qui devait l'emporter.
    La Mort même était en balance :
    Mais les Vices étant venus,
Dès ce moment la Mort n'hésita plus;
    Elle choisit l'Intempérance.

FABLE X.

LES DEUX JARDINIERS.

Deux frères jardiniers avaient par héritage
Un jardin dont chacun cultivait la moitié;
    Liés d'une étroite amitié,
    Ensemble ils faisaient leur ménage.
L'un d'eux, appelé Jean, bel esprit, beau parleur,
    Se croyait un très grand docteur;
    Et monsieur Jean passait sa vie
A lire l'almanach, à regarder le temps,
    Et la girouette et les vents.
Bientôt, donnant l'essor à son rare génie,
Il voulut découvrir comment d'un pois tout-seul
Des milliers de pois peuvent sortir si vite;
    Pourquoi la graine du tilleul,
Qui produit un grand arbre, est pourtant plus petite
    la fève, qui meurt à deux pieds du terrain;
    Enfin par quel secret mystère
 ette fève, qu'on sème au hasard sur la terre,
    Sait se retourner dans son sein,
 Place en bas sa racine et pousse en haut sa tige.

Taudis qu'il rêve et qu'il s'afflige
De ne point pénétrer ces importans secrets,
    Il n'arrose point son marais;
    Ses épinards et sa laitue
èchent sur pied; le vent du nord lui tue
    Ses figuiers qu'il ne couvre pas.
Point de fruits au marché, point d'argent dans la bourse
Et le pauvre docteur, avec ses almanachs,
    N'a que son frère pour ressource.
    Celui-ci, dès le grand matin,
Travaillait en chantant quelque joyeux refrain,
Bêchait, arrosait tout du pêcher à l'oseille.
Sur ce qu'il ignorait sans vouloir discourir,
Il semait bonnement pour pouvoir recueillir.
Aussi dans son terrain tout venait à merveille;
Il avait des écus, des fruits et du plaisir.
    Ce fut lui qui nourrit son frère;
    Et quand monsieur Jean tout surpris
S'en vint lui demander comment il savait faire:
Mon ami, lui dit-il, voici tout le mystère:
    Je travaille, et tu réfléchis;
    Lequel rapporte davantage?
    Tu te tourmentes, je jouis;
    Qui de nous deux est le plus sage?

FABLE XI.

LE CHIEN ET LE CHAT.

Un chien vendu par son maître
Brisa sa chaîne, et revint
Au logis qui le vit naître.
Jugez de ce qu'il devint
Lorsque, pour prix de son zèle

Il fut de cette maison
Reconduit par le bâton
Vers sa demeure nouvelle.
Un vieux chat, son compagnon,
Voyant sa surprise extrême,
En passant lui dit ce mot :
Tu croyais donc, pauvre sot,
Que c'est pour nous qu'on nous aime !

FABLE XII.

LE VACHER ET LE GARDE-CHASSE.

Colin gardait un jour les vaches de son père;
    Colin n'avait pas de bergère,
Et s'ennuyait tout seul. Le garde sort du bois :
Depuis l'aube, dit-il, je cours dans cette plaine
Après un vieux chevreuil que j'ai manqué deux fois,
    Et qui m'a mis tout hors d'haleine.
    Il vient de passer par là-bas,
Lui répondit Colin : mais, si vous êtes las,
Reposez-vous, gardez mes vaches à ma place,
    Et j'irai faire votre chasse;
Je réponds du chevreuil.—Ma foi, je le veux bien :
Tiens, voilà mon fusil, prends avec toi mon chien,
    Va le tuer. Colin s'apprête,
S'arme, appelle Sultan. Sultan, quoiqu'à regret,
    Court avec lui vers la forêt.
Le chien bat les buissons : il va, vient, sent, arrête,
Et voilà le chevreuil... Colin impatient
    Tire aussitôt, manque la bête,
    Et blesse le pauvre Sultan.
    A la suite du chien qui crie,
    Colin revient à la prairie.

Il trouve le garde ronflant;
De vaches, point; elles étaient volées.
Le malheureux Colin, s'arrachant les cheveux,
Parcourt en gémissant les monts et les vallées.
Il ne voit rien. Le soir, sans vaches, tout honteux,
Colin retourne chez son père,
Et lui conte en tremblant l'affaire.
Celui-ci, saisissant un bâton de cormier,
Corrige son cher fils de ses folles idées
Puis lui dit : Chacun son métier,
Les vaches seront bien gardées.

FABLE XIII.

LA COQUETTE ET L'ABEILLE.

Chloé, jeune et jolie, et surtout fort coquette
Tous les matins, en se levant,
Se mettait au travail, j'entends à sa toilette;
Et là, souriant, minaudant,
Elle disait à son cher confident
Les peines, les plaisirs, les projets de son ame.
Une abeille étourdie arrive en bourdonnant.
Au secours! au secours! crie aussitôt la dame:
Venez, Lise, Marton, accourez promptement.
Chassez ce monstre ailé. Le monstre insolemment
Aux lèvres de Chloé se pose.
Chloé s'évanouit, et Marton en fureur
Saisit l'abeille et se dispose
A l'écraser. Hélas! lui dit avec douceur
L'insecte malheureux, pardonnez mon erreur:
La bouche de Chloé me semblait une rose,
Et j'ai cru... Ce seul mot à Chloé rend ses sens.
Faisons grace, dit-elle, à son aveu sincère:

D'ailleurs sa piqûre est légère ;
Depuis qu'elle te parle à peine je la sens.

Que ne fait-on passer avec un peu d'encens !

~~~~~~

FABLE XIV.

L'ÉLÉPHANT BLANC.

Dans certains pays de l'Asie
On révère les éléphans,
     Surtout les blancs.
Un palais est leur écurie,
On les sert dans des vases d'or,
Tout homme à leur aspect s'incline vers la terre,
     Et les peuples se font la guerre
     Pour s'enlever ce beau trésor.
Un de ces éléphans, grand penseur, bonne tête,
Voulut savoir un jour d'un de ses conducteurs
     Ce qui lui valait tant d'honneurs
Puisqu'au fond, comme un autre, il n'était qu'une bête.
Ah ! répond le cornac, c'est trop d'humilité ;
     L'on connaît votre dignité,
Et toute l'Inde sait qu'au sortir de la vie
Les ames des héros qu'a chéris la patrie
     S'en vont habiter quelque temps
     Dans les corps des éléphans blancs.
Nos talapoins l'ont dit, ainsi la chose est sûre.
     —Quoi ! vous nous croyez des héros ?
—Sans doute.—Et sans cela nous serions en repos,
Jouissant dans les bois des biens de la nature ?
     —Oui, seigneur.—Mon ami, laisse-moi donc partir,
     Car on t'a trompé, je t'assure
     t si tu veux y réfléchir,

Tu verras bientôt l'imposture :
Nous sommes fiers et caressans;
Modérés, quoique tout puissans;
On ne nous voit point faire injure
A plus faible que nous; l'amour dans notre cœur
Reçoit des lois de la pudeur;
Malgré la faveur où nous sommes,
Les honneurs n'ont jamais altéré nos vertus :
Quelles preuves faut-il de plus?
Comment nous croyez-vous des hommes?

FABLE XV.

LE LIERRE ET LE THYM.

Que je te plains, petite plante !
Disait un jour le lierre au thym :
Toujours ramper, c'est ton destin;
Ta tige chétive et tremblante
Sort à peine de terre, et la mienne dans l'air,
Unie au chêne altier que chérit Jupiter,
S'élance avec lui dans la nue.
Il est vrai, dit le thym, ta hauteur m'est connue;
Je ne puis sur ce point disputer avec toi :
Mais je me soutiens par moi-même;
Et sans cet arbre, appui de ta faiblesse extrême,
Tu ramperais plus bas que moi.

Traducteurs, éditeurs, faiseurs de commentaires,
Qui nous parlez toujours de grec ou de latin
Dans vos discours préliminaires,
Retenez ce que dit le thym.

FABLE XVI.

LE CHAT ET LA LUNETTE.

Un chat sauvage et grand chasseur
S'établit, pour faire bombance,
Dans le parc d'un jeune seigneur
Où lapins et perdrix étaient en abondance.
Là ce nouveau Nembrod, la nuit comme le jour,
A la course, à l'affût également habile,
Poursuivait, attendait, immolait tour à tour
    Et quadrupède et volatile.
Les gardes épiaient l'insolent braconnier :
Mais, dans le fort du bois caché près d'un terrier,
    Le drôle trompait leur adresse.
Cependant il craignait d'être pris à la fin,
    Et se plaignait que la vieillesse
    Lui rendît l'œil moins sûr, moins fin.
Ce penser lui causait souvent de la tristesse ;
Lorsqu'un jour il rencontre un petit tuyau noir
Garni par ses deux bouts de deux glaces bien nettes :
    C'était une de ces lunettes
Faites pour l'Opéra, que, par hasard, un soir,
Le maître avait perdue en ce lieu solitaire.
    Le chat d'abord la considère,
La touche de sa griffe, et de l'extrémité
La fait à petits coups rouler sur le côté,
Court après, s'en saisit, l'agite, la remue,
    Étonné que rien n'en sortit.
Il s'avise à la fin d'appliquer à sa vue
Le verre d'un des bouts ; c'était le plus petit.
Alors il aperçoit sous la verte coudrette
   un lapin que ses yeux tout seuls ne voyaient pas.
   / quel trésor ! dit-il en serrant sa lunette,

Et courant au lapin qu'il croit à quatre pas.
Mais il entend du bruit ; il reprend sa machine,
S'en sert par l'autre bout, et voit dans le lointain
    Le garde qui vers lui chemine.
    Pressé par la peur, par la faim,
    Il reste un moment incertain,
Hésite, réfléchit, puis de nouveau regarde :
Mais toujours le gros bout lui montre loin le garde,
Et le petit tout près lui fait voir le lapin.
Croyant avoir le temps, il va manger la bête ;
Le garde est à vingt pas qui vous l'ajuste au front,
    Lui met deux balles dans la tête,
    Et de sa peau fait un manchon.

    Chacun de nous a sa lunette
    Qu'il retourne suivant l'objet :
    On voit là-bas ce qui déplaît,
    On voit ici ce qu'on souhaite.

FABLE XVII.

LE JEUNE HOMME ET LE VIEILLARD.

DE grace apprenez-moi comment l'on fait fortune,
Demandait à son père un jeune ambitieux.
Il est, dit le vieillard, un chemin glorieux,
C'est de se rendre utile à la cause commune,
De prodiguer ses jours, ses veilles, ses talens
    Au service de la patrie.
    —Oh ! trop pénible est cette vie,
    Je veux des moyens moins brillans.
—Il en est de plus sûrs, l'intrigue...—Elle est trop vile,
Sans vice et sans travail je voudrais m'enrichir
    —Eh bien ! sois un simple imbécile,
    J'en ai vu beaucoup réussir.

FABLE XVIII.

LA TAUPE ET LES LAPINS.

Chacun de nous souvent connaît bien ses défauts
En convenir, c'est autre chose :
'n aime mieux souffrir de véritables mau
Que d'avouer qu'ils en sont cause.
Je me souviens à ce sujet
D'avoir été témoin d'un fait
Fort étonnant et difficile à croire :
Mais je l'ai vu, voici l'histoire.

Près d'un bois, le soir, à l'écart,
Dans une superbe prairie,
lapins s'amusaient sur l'herbette fleurie,
A jouer au colin-maillard.
Des lapins ! direz-vous, la chose est impossible.
Rien n'est plus vrai pourtant : une feuille flexible
Sur les yeux de l'un d'eux en bandeau s'appliquait
Et puis sous le cou se nouait.
Un instant en faisait l'affaire.
Celui que ce ruban privait de la lumière
Se plaçait au milieu ; les autres alentour
Sautaient, dansaient, faisaient merveilles,
S'éloignaient, venaient tour à tour
Tirer sa queue ou ses oreilles.
Le pauvre aveugle alors, se retournant soudain,
Sans craindre pot au noir, jette au hasard la patte :
Mais la troupe échappe à la hâte ;
Il ne prend que du vent, il se tourmente en vain,
Il y sera jusqu'à demain.
Une taupe assez étourdie,
Qui sous terre entendit ce bruit,

Sort aussitôt de son réduit,
Et se mêle dans la partie.
Vous jugez que, n'y voyant pas,
Elle fut prise au premier pas.
Messieurs, dit un lapin, ce serait conscience,
Et la justice veut qu'à notre pauvre sœur
Nous fassions un peu de faveur;
Elle est sans yeux et sans défense,
Ainsi je suis d'avis... Non, répond avec feu
La taupe, je suis prise, et prise de bon jeu;
Mettez-moi le bandeau.—Très volontiers, ma chère,
Le voici : mais je crois qu'il n'est pas nécessaire
Que nous serrions le nœud bien fort.
—Pardonnez-moi, monsieur, reprit-elle en colère,
Serrez bien, car j'y vois... Serrez, j'y vois encor.

FABLE XIX.

LE ROSSIGNOL ET LE PRINCE.

Un jeune prince, avec son gouverneur,
Se promenait dans un bocage,
Et s'ennuyait, suivant l'usage:
C'est le profit de la grandeur.
Un rossignol chantait sous le feuillage :
Le prince l'aperçoit, et le trouve charmant;
Et, comme il était prince, il veut dans le moment
L'attraper et le mettre en cage.
Mais pour le prendre il fait du bruit,
Et l'oiseau fuit.
Pourquoi donc, dit alors son altesse en colère,
Le plus aimable des oiseaux
Se tient-il dans les bois, farouche et solitaire,
Tandis que mon palais est rempli de moineaux

4

C'est, lui dit le Mentor, afin de vous instruire
  De ce qu'un jour vous devez éprouver :
    Les sots savent tous se produire ;
Le mérite se cache, il faut l'aller trouver.

FABLE XX.

L'AVEUGLE ET LE PARALYTIQUE.

  AIDONS-NOUS mutuellement,
La charge des malheurs en sera plus légère ;
    Le bien que l'on fait à son frere
Pour le mal que l'on souffre est un soulagement.
Confucius l'a dit ; suivons tous sa doctrine :
Pour la persuader aux peuples de la Chine,
    Il leur contait le trait suivant.

    Dans une ville de l'Asie
    Il existait deux malheureux,
L'un perclus, l'autre aveugle, et pauvres tous les deux.
Ils demandaient au ciel de terminer leur vie :
    Mais leurs cris étaient superflus,
Ils ne pouvaient mourir. Notre paralytique,
Couché sur un grabat dans la place publique,
Souffrait sans être plaint ; il en souffrait bien plus.
    L'aveugle, à qui tout pouvait nuire
    Était sans guide, sans soutien,
    Sans avoir même un pauvre chien
    Pour l'aimer et pour le conduire.
    Un certain jour il arriva
Que l'aveugle à tâtons, au détour d'une rue
    Près du malade se trouva ;
Il entendit ses cris, son ame en fut émue.
    Il n'est tels que les malheureux

Pour se plaindre les uns les autres.
Unissons-les, mon frère, ils seront moins affreux.
Hélas! dit le perclus, vous ignorez, mon frère,
    Que je ne puis faire un seul pas;
    Vous-même vous n'y voyez pas :
A quoi nous servirait d'unir notre misère?
A quoi? répond l'aveugle, écoutez: à nous deux
Nous possédons le bien à chacun nécessaire;
    J'ai des jambes, et vous des yeux :
Moi, je vais vous porter; vous, vous serez mon guide:
Vos yeux dirigeront mes pas mal assurés;
Mes jambes, à leur tour, iront où vous voudrez.
Ainsi, sans que jamais notre amitié décide
Qui de nous deux remplit le plus utile emploi,
Je marcherai pour vous, vous y verrez pour moi.

FABLE XXI.

PANDORE.

Quand Pandore eut reçu la vie,
Chaque dieu de ses dons s'empressa de l'orner.
    Vénus, malgré sa jalousie,
Détacha sa ceinture et vint la lui donner.
Jupiter, admirant cette jeune merveille,
Craignait pour les humains ses attraits enchanteurs.
Vénus rit de sa crainte, et lui dit à l'oreille :
    Elle blessera bien des cœurs;
    Mais j'ai caché dans ma ceinture
    Les caprices pour affaiblir
    Le mal que fera sa blessure,
    Et *les faveurs* pour en guérir.

FABLE XXII.

L'ENFANT ET LE DATTIER.

Non loin des rochers de l'Atlas,
Au milieu des déserts où cent tribus errantes
Promènent au hasard leurs chameaux et leurs tentes,
Un jour, certain enfant précipitait ses pas.
C'était le jeune fils de quelque musulmane
    Qui s'en allait en caravane.
Quand sa mère dormait, il courait le pays.
Dans un ravin profond, loin de l'aride plaine,
    Notre enfant trouve une fontaine,
Auprès un beau dattier tout couvert de ses fruits.
O quel bonheur! dit-il, ces dattes, cette eau claire,
M'appartiennent; sans moi, dans ce lieu solitaire,
    Ces trésors cachés, inconnus,
    Demeuraient à jamais perdus
Je les ai découverts, ils sont ma récompense.
Parlant ainsi, l'enfant vers le dattier s'élance,
Et jusqu'à son sommet tâche de se hisser.
    L'entreprise était périlleuse;
L'écorce tantôt nue, et tantôt raboteuse,
Lui déchirait les mains ou les faisait glisser.
Deux fois il retomba; mais, d'une ardeur nouvelle,
    Il recommence de plus belle,
    Et parvient enfin, haletant,
    A ces fruits qu'il désirait tant.
    Il se jette alors sur les dattes,
Se tenant d'une main, de l'autre fourrageant,
    Et mangeant
    Sans choisir les plus délicates.
    Tout à coup voilà notre enfant
    Qui réfléchit et qui descend.

LIVRE I.

Il court chercher sa bonne mère,
Prend avec lui son jeune frère,
Les conduit au dattier. Le cadet incliné,
S'appuyant au tronc qu'il embrasse,
Présente son dos à l'aîné;
L'autre y monte, et de cette place,
Libre de ses deux bras, sans efforts, sans danger,
Cueille et jette les fruits; la mère les ramasse,
Puis sur un linge blanc prend soin de les ranger.
La récolte achevée, et la nappe étant mise,
Les deux frères tranquillement,
Souriant à leur mère au milieu d'eux assise,
Viennent au bord de l'eau faire un repas charmant.

De la société ceci nous peint l'image :
Je ne connais de biens que ceux que l'on partage
Cœurs dignes de sentir le prix de l'amitié,
Retenez cet ancien adage :
Le tout ne vaut pas la moitié.

LIVRE SECOND.

FABLE I.

LA MÈRE, L'ENFANT ET LES SARIGUES[1].

A MADAME DE LA BRICHE.

Vous de qui les attraits, la modeste douceur,
Savent tout obtenir et n'osent rien prétendre;
Vous que l'on ne peut voir sans devenir plus tendre
Et qu'on ne peut aimer sans devenir meilleur,
Je vous respecte trop pour parler de vos charmes,
    De vos talens, de votre esprit...
Vous aviez déjà peur : bannissez vos alarmes
    C'est de vos vertus qu'il s'agit.
Je veux peindre en mes vers des mères le modèle,
Le sarigue, animal peu connu parmi nous,
    Mais dont les soins touchans et doux,
    Dont la tendresse maternelle,
    Seront de quelque prix pour vous.
    Le fond du conte est véritable :
Buffon m'en est garant; qui pourrait en douter?
D'ailleurs tout dans ce genre a droit d'être croyable
Lorsque c'est devant vous qu'on peut le raconter.

Maman, disait un jour à la plus tendre mère
Un enfant péruvien sur ses genoux assis,
Quel est cet animal qui, dans cette bruyère,

(1) Espèce de renard du Pérou. (Buffon, Hist. nat. tom. IV).

Se promène avec ses petits?
ressemble au renard. Mon fils, répondit-elle,
　　Du sarigue c'est la femelle;
　　Nulle mère pour ses enfans
N'eut jamais plus d'amour, plus de soins vigilans
La nature a voulu seconder sa tendresse,
　　Et lui fit près de l'estomac
Une poche profonde, une espèce de sac,
　　Où ses petits, quand un danger les presse,
　　Vont mettre à couvert leur faiblesse.
Fais du bruit, tu verras ce qu'ils vont devenir.
L'enfant frappe des mains : la sarigue attentive
　　Se dresse, et d'une voix plaintive
Jette un cri; les petits aussitôt d'accourir,
　　Et de s'élancer vers la mère,
En cherchant dans son sein leur retraite ordinaire.
　　La poche s'ouvre, les petits
　　En un moment y sont blottis,
Ils disparaissent tous; la mère avec vitesse
　　S'enfuit emportant sa richesse.
La Péruvienne alors dit à l'enfant surpris :
　　Si jamais le sort t'est contraire,
Souviens-toi du sarigue, imite-le, mon fils :
L'asile le plus sûr est le sein d'une mère.

FABLE II.

LE VIEUX ARBRE ET LE JARDINIER.

　　Un jardinier, dans son jardin
　　Avait un vieux arbre stérile;
C'était un grand poirier qui jadis fut fertile :
Mais il avait vieilli, tel est notre destin.
Le jardinier ingrat veut l'abattre un matin;

Le voilà qui prend sa cognée.
Au premier coup l'arbre lui dit :
Respecte mon grand âge, et souviens-toi du fruit
    Que je t'ai donné chaque année.
La mort va me saisir, je n'ai plus qu'un instant ;
    N'assassine pas un mourant
Qui fut ton bienfaiteur. Je te coupe avec peine,
Répond le jardinier ; mais j'ai besoin de bois.
    Alors, gazouillant à la fois,
    De rossignols une centaine
S'écrie : épargne-le, nous n'avons plus que lui :
Lorsque ta femme vient s'asseoir sous son ombrage,
Nous la réjouissons par notre doux ramage ;
Elle est seule souvent, nous charmons son ennui.
Le jardinier les chasse et rit de leur requête ;
Il frappe un second coup. D'abeilles un essaim
Sort aussitôt du tronc, en lui disant : Arrête,
    Écoute-nous, homme inhumain :
    Si tu nous laisses cet asile,
    Chaque jour nous te donnerons
Un miel délicieux dont tu peux à la ville
    Porter et vendre les rayons ;
Cela te touche-t-il ? J'en pleure de tendresse,
    Répond l'avare jardinier :
Eh ! que ne dois-je pas à ce pauvre poirier
    Qui m'a nourri dans sa jeunesse ?
Ma femme quelquefois vient ouïr ces oiseaux ;
C'en est assez pour moi : qu'ils chantent en repos.
Et vous qui daignerez augmenter mon aisance,
Je veux pour vous de fleurs semer tout ce canton.
Cela dit, il s'en va, sûr de sa récompense,
    Et laisse vivre le vieux tronc.

    Comptez sur la reconnaissance
    Quand l'intérêt vous en répond.

FABLE III.

LA BREBIS ET LE CHIEN.

La brebis et le chien, de tous les temps amis
Se racontaient un jour leur vie infortunée.
Ah! disait la brebis, je pleure et je frémis
Quand je songe aux malheurs de notre destinée.
Toi, l'esclave de l'homme, adorant des ingrats,
 Toujours soumis, tendre et fidèle
 Tu reçois, pour prix de ton zèle
 Des coups et souvent le trépas.
 Moi qui tous les ans les habille,
Qui leur donne du lait et qui fume leurs champs,
Je vois chaque matin quelqu'un de ma famille
 Assassiné par ces méchans.
Leurs confrères les loups dévorent ce qui reste.
 Victimes de ces inhumains,
Travailler pour eux seuls, et mourir par leurs mains,
 Voilà notre destin funeste!
Il est vrai, dit le chien: mais crois-tu plus heureux
 Les auteurs de notre misère?
 Va, ma sœur, il vaut encore mieux
 Souffrir le mal que de le faire.

FABLE IV.

LE BON HOMME ET LE TRÉSOR.

Un bon homme de mes parens,
 Que j'ai connu dans mon jeune âge,
Se faisait adorer de tout son voisinage;

Consulté, vénéré des petits et des grands,
Il vivait dans sa terre en véritable sage.
    Il n'avait pas beaucoup d'écus,
Mais cependant assez pour vivre dans l'aisance;
    En revanche, force vertus,
    Du sens, de l'esprit par-dessus,
Et cette aménité que donne l'innocence.
    Quand un pauvre venait le voir,
S'il avait de l'argent, il donnait des pistoles;
Et, s'il n'en avait point, du moins par ses paroles
Il lui rendait un peu de courage et d'espoir.
    Il raccommodait les familles
Corrigeait doucement les jeunes étourdis,
    Riait avec les jeunes filles,
    Et leur trouvait de bons maris.
    Indulgent aux défauts des autres,
Il répétait souvent : N'avons-nous pas les nôtres?
Ceux-ci sont nés boiteux, ceux-là sont nés bossus,
    L'un un peu moins, l'autre un peu plus :
    La nature de cent manières
Voulut nous affliger : marchons ensemble en paix,
    Le chemin est assez mauvais
    Sans nous jeter encor des pierres.
    Or il arriva certain jour
Que notre bon vieillard trouva dans une tour
    Un trésor caché sous la terre.
    D'abord il n'y voit qu'un moyen
    De pouvoir faire plus de bien;
    Il le prend, l'emporte et le serre.
Puis, en réfléchissant, le voilà qui se dit :
Cet or que j'ai trouvé ferait plus de profit
    Si j'en augmentais mon domaine;
J'aurais plus de vassaux, je serais plus puissan
Je peux mieux faire encor : dans la ville prochaine
Achetons une charge, et soyons président.
    Président! cela vaut la peine.

Je n'ai pas fait mon droit, mais, avec mon argent,
On m'en dispensera, puisque cela s'achète.

    Tandis qu'il rêve et qu'il projette,
    Sa servante vient l'avertir
    Que les jeunes gens du village
Dans la cour du château sont à se divertir.

    Le dimanche, c'était l'usage,
Le seigneur se plaisait à danser avec eux.
Oh! ma foi, répond-il, j'ai bien d'autres affaires;
Que l'on danse sans moi. L'esprit plein de chimères,
Il s'enferme tout seul pour se tourmenter mieux.

    Ensuite il va joindre à sa somme
Un petit sac d'argent, reste du mois dernier.

    Dans l'instant arrive un pauvre homme
    Qui, tout en pleurs, vient le prier
De vouloir lui prêter vingt écus pour sa taille:
Le collecteur, dit-il, va me mettre en prison,
    Et n'a laissé dans ma maison
    Que six enfans sur de la paille.
Notre nouveau Crésus lui répond durement
    Qu'il n'est point en argent comptant.
Le pauvre malheureux le regarde, soupire,
    Et s'en retourne sans mot dire.
Mais il n'était pas loin, que notre bon seigneur
    Retrouve tout à coup son cœur;
    Il court au paysan, l'embrasse,
    De cent écus lui fait le don,
    Et lui demande encor pardon.
Ensuite il fait crier que sur la grande place
Le village assemblé se rende dans l'instant.
    On obéit; notre bon homme
    Arrive avec toute sa somme,
    En un seul monceau la répand.
Mes amis, leur dit-il, vous voyez cet argent:
Depuis qu'il m'appartient, je ne suis plus le même,
Mon ame est endurcie, et la voix du malheur

N'arrive plus jusqu'à mon cœur.
Mes enfans, sauvez-moi de ce péril extrême,
Prenez et partagez ce dangereux métal;
Emportez votre part chacun dans votre asile:
Entre tous divisé, cet or peut être utile:
Réuni chez un seul, il ne fait que du mal.
    Soyons contens du nécessaire
Sans jamais souhaiter de trésors superflus:
Il faut les redouter autant que la misère,
    Comme elle ils chassent les vertus.

FABLE V.

LE TROUPEAU DE COLAS.

Dès la pointe du jour, sortant de son hameau,
Colas, jeune pasteur d'un assez beau troupeau,
    Le conduisait au pâturage.
    Sur sa route il trouve un ruisseau
Que, la nuit précédente, un effroyable orage
Avait rendu torrent; comment passer cette eau?
Chien, brebis et berger, tout s'arrête au rivage.
En faisant un circuit l'on eût gagné le pont;
C'était bien le plus sûr, mais c'était le plus long:
Colas veut abréger. D'abord il considère
    Qu'il peut franchir cette rivière;
    Et, comme ses béliers sont forts,
    Il conclut que, sans grands efforts,
Le troupeau sautera. Cela dit, il s'élance;
Son chien saute après lui, béliers d'entrer en danse,
    A qui mieux mieux, courage, allons!
    Après les béliers, les moutons;
Tout est en l'air, tout saute; et Colas les excite
    En s'applaudissant du moyen.

Les béliers, les moutons, sautèrent assez bien :
    Mais les brebis vinrent ensuite,
Les agneaux, les vieillards, les faibles, les peureux,
    Les mutins, corps toujours nombreux,
Qui refusaient le saut ou sautaient de colère,
    Et, soit faiblesse, soit dépit,
    Se laissaient choir dans la rivière.
Il s'en noya le quart; un autre quart s'enfuit,
    Et sous la dent du loup périt.
    Colas, réduit à la misère,
S'aperçut, mais trop tard, que pour un bon pasteur,
    Le plus court n'est pas le meilleur.

FABLE VI.

LE BOUVREUIL ET LE CORBEAU.

Un bouvreuil, un corbeau, chacun dans une cage,
    Habitaient le même logis.
    L'un enchantait par son ramage
La femme, le mari, les gens, tout le ménage :
L'autre les fatiguait sans cesse de ses cris;
   demandait du pain, du rôti, du fromage,
    Qu'on se pressait de lui porter,
    Afin qu'il voulût bien se taire.
Le timide bouvreuil ne faisait que chanter,
Et ne demandait rien: aussi, pour l'ordinaire,
    On l'oubliait; le pauvre oiseau
    Manquait souvent de grain et d'eau.
Ceux qui louaient le plus de son chant l'harmonie
    N'auraient pas fait le moindre pas
    Pour voir si l'auge était remplie.
Ils l'aimaient bien pourtant, mais ils n'y pensaient pas,
Un jour on le trouva mort de faim dans sa cage.

Ah! quel malheur! dit-on: las! il chantait si bien!
De quoi donc est-il mort? Certes, c'est grand domm...
Le corbeau crie encore et ne manque de rien.

FABLE VII.

LE SINGE QUI MONTRE LA LANTERNE MAGIQUE.

MESSIEURS les beaux esprits, dont la prose et les vers
Sont d'un style pompeux et toujours admirable,
Mais que l'on n'entend point, écoutez cette fable,
   Et tâchez de devenir clairs.
Un homme qui montrait la lanterne magique
   Avait un singe dont les tours
   Attiraient chez lui grand concours;
Jacqueau, c'était son nom, sur la corde élastique
   Dansait et voltigeait au mieux,
   Puis faisait le saut périlleux,
Et puis sur un cordon, sans que rien le soutienne,
   Le corps droit, fixe, d'à-plomb,
   Notre Jacqueau fait tout du long
   L'exercice à la prussienne.
Un jour qu'au cabaret son maître était resté,
   (C'était, je pense, un jour de fête)
   Notre singe en liberté
   Veut faire un coup de sa tête.
  s'en va rassembler les divers animaux
   Qu'il peut rencontrer dans la ville;
   Chiens, chats, poulets, dindons, pourceaux,
   Arrivent bientôt à la file.
Entrez, entrez, messieurs, criait notre Jacqueau;
C'est ici, c'est ici qu'un spectacle nouveau
Vous charmera gratis. Oui, messieurs, à la porte
On ne prend point d'argent, je fais tout pour l'honneur.

A ces mots, chaque spectateur
Va se placer, et l'on apporte
La lanterne magique; on ferme les volets,
Et, par un discours fait exprès,
Jacqueau prépare l'auditoire.
Ce morceau vraiment oratoire
Fit bâiller; mais on applaudit.
Content de son succès, notre singe saisit
Un verre peint qu'il met dans sa lanterne.
Il sait comment on le gouverne,
Et crie en le poussant : Est-il rien de pareil?
Messieurs, vous voyez le soleil,
Ses rayons et toute sa gloire.
Voici présentement la lune; et puis l'histoire
D'Adam, d'Ève et des animaux...
Voyez, messieurs, comme ils sont beaux!
Voyez la naissance du monde;
Voyez... Les spectateurs, dans une nuit profonde,
Écarquillaient leurs yeux et ne pouvaient rien voir;
L'appartement, le mur, tout était noir.
Ma foi, disait un chat, de toutes les merveilles
Dont il étourdit nos oreilles,
Le fait est que je ne vois rien.
Ni moi non plus, disait un chien.
Moi, disait un dindon, je vois bien quelque chose;
Mais je ne sais pour quelle cause
Je ne distingue pas très bien.
Pendant tous ces discours, le Cicéron moderne
Parlait éloquemment et ne se lassait point.
Il n'avait oublié qu'un point,
C'était d'éclairer sa lanterne.

FABLE VIII.

L'ENFANT ET LE MIROIR.

Un enfant élevé dans un pauvre village
Revint chez ses parens, et fut surpris d'y voir
   Un miroir.
  D'abord il aima son image;
Et puis par un travers bien digne d'un enfant
  Et même d'un être plus grand,
  Il veut outrager ce qu'il aime,
Lui fait une grimace, et le miroir la rend.
  Alors son dépit est extrème;
  Il lui montre un poing menaçant,
  Il se voit menacé de même.
Notre marmot fâché s'en vient, en frémissant,
  Battre cette image insolente;
Il se fait mal aux mains. Sa colère en augmente;
  Et, furieux, au désespoir,
  Le voilà, devant ce miroir,
  Criant, pleurant, frappant la glace.
Sa mère, qui survient, le console, l'embrasse
 Tarit ses pleurs, et doucement lui dit:
N'as-tu pas commencé par faire la grimace
A ce méchant enfant qui cause ton dépit?
—Oui.—Regarde à présent: tu souris, il sourit,
Tu tends vers lui les bras, il te les tend de même;
Tu n'es plus en colère, il ne se fâche plus:
De la société tu vois ici l'emblême;
  Le bien, le mal, nous sont rendus.

FABLE IX.

LES DEUX CHATS.

Deux chats qui descendaient du fameux Rodilard,
Et dignes tous les deux de leur noble origine,
Différaient d'embonpoint : l'un était gras à lard,
    C'était l'ainé ; sous son hermine
    D'un chanoine il avait la mine,
Tant il était dodu, potelé, frais et beau :
    Le cadet n'avait que la peau
    Collée à sa tranchante épine.
Cependant ce cadet, du matin jusqu'au soir,
    De la cave à la gouttière
    Trottait, courait, il fallait voir !
    Sans en faire meilleure chère.
    Enfin, un jour, au désespoir,
    Il tint ce discours à son frère :
    Explique-moi par quel moyen,
    Passant ta vie à ne rien faire,
Moi travaillant toujours, on te nourrit si bien
    Et moi si mal. La chose est claire,
Lui répondit l'ainé : tu cours tout le logis
Pour manger rarement quelque maigre souris...
—N'est-ce pas mon devoir?—D'accord, cela peut être
    Mais moi, je reste auprès du maître,
    Je sais l'amuser par mes tours.
Admis à ses repas sans qu'il me réprimande,
Je prends de bons morceaux, et puis je les demande
    En faisant patte de velours;
    Tandis que toi, pauvre imbécile,
    Tu ne sais rien que le servir.
    Va, le secret de réussir,
    C'est d'être adroit, non d'être utile.

FABLE X.

LE CHEVAL ET LE POULAIN.

Un bon père cheval, veuf, et n'ayant qu'un fils,
    L'élevait dans un pâturage
    Où les eaux, les fleurs et l'ombrage
Présentaient à la fois tous les biens réunis.
Abusant pour jouir, comme on fait à cet âge,
Le poulain tous les jours se gorgeait de sainfoin;
    Se vautrait dans l'herbe fleurie,
Galopait sans objet, se baignait sans envie,
    Ou se reposait sans besoin.
Oisif et gras à lard, le jeune solitaire
S'ennuya, se lassa de ne manquer de rien:
Le dégoût vint bientôt; il va trouver son père:
Depuis long-temps, dit-il, je ne me sens pas bien;
    Cette herbe est malsaine et me tue,
Ce trèfle est sans saveur, cette onde est corrompue;
L'air qu'on respire ici m'attaque les poumons;
    Bref, je meurs si nous ne partons.
Mon fils, répond le père, il s'agit de ta vie;
    A l'instant même il faut partir.
Sitôt dit, sitôt fait, ils quittent leur patrie.
Le jeune voyageur bondissait de plaisir:
Le vieillard, moins joyeux, allait un train plus sage;
Mais il guidait l'enfant, et le faisait gravir
Sur des monts escarpés, arides, sans herbage,
    Où rien ne pouvait le nourrir.
    Le soir vint, point de pâturage;
    On s'en passa. Le lendemain,
Comme l'on commençait à souffrir de la faim,
On prit du bout des dents une ronce sauvage.
On ne galopa plus le reste du voyage;

A peine, après deux jours, allait-on même au pas.
   Jugeant alors la leçon faite,
Le père va reprendre une route secrète
   Que son fils ne connaissait pas,
   Et le ramène à la prairie,
Au milieu de la nuit. Dès que notre poulain
   Retrouve un peu d'herbe fleurie,
Il se jette dessus : Ah! l'excellent festin,
La bonne herbe! dit-il : comme elle est douce et tendre.
   Mon père il ne faut pas s'attendre
   Que nous puissions rencontrer mieux;
Fixons-nous pour jamais dans ces aimables lieux;
Quel pays peut valoir cet asile champêtre?
Comme il parlait ainsi, le jour vint à paraître :
Le poulain reconnaît le pré qu'il a quitté;
Il demeure confus. Le père, avec bonté,
Lui dit : Mon cher enfant, retiens cette maxime :
Quiconque jouit trop est bientôt dégoûté;
   Il faut au bonheur du régime.

FABLE XI.

LE GRILLON.

   Un pauvre petit grillon
   Caché dans l'herbe fleurie
   Regardait un papillon
   Voltigeant dans la prairie.
L'insecte ailé brillait des plus vives couleurs;
L'azur, le pourpre et l'or éclataient sur ses ailes,
Jeune, beau, petit-maître, il court de fleurs en fleurs,
   Prenant et quittant les plus belles.
Ah! disait le grillon, que son sort et le mien
   Sont différens! Dame nature

Pour lui fit tout, et pour moi rien.
Je n'ai point de talent, encor moins de figure,
Nul ne prend garde à moi, l'on m'ignore ici-bas :
　　　Autant vaudrait n'exister pas.
　　　Comme il parlait, dans la prairie
　　　Arrive une troupe d'enfans :
　　　Aussitôt les voilà courans
Après ce papillon dont ils ont tous envie.
Chapeaux, mouchoirs, bonnets, servent à l'attraper ;
L'insecte vainement cherche à leur échapper,
　　　Il devient bientôt leur conquête.
L'un le saisit par l'aile, un autre par le corps ;
Un troisième survient, et le prend par la tête :
　　　Il ne fallait pas tant d'efforts
　　　Pour déchirer la pauvre bête.
Oh ! oh ! dit le grillon, je ne suis plus fâché ;
Il en coûte trop cher pour briller dans le monde.
Combien je vais aimer ma retraite profonde !
　　　Pour vivre heureux vivons caché.

FABLE XII.

LE CHATEAU DE CARTES.

Un bon mari, sa femme et deux jolis enfans,
Coulaient en paix leurs jours dans le simple ermitage
Où, paisibles comme eux, vécurent leurs parens.
Ces époux, partageant les doux soins du ménage,
Cultivaient leur jardin, recueillaient leurs moissons ;
Et le soir, dans l'été soupant sous le feuillage,
　　　Dans l'hiver devant leurs tisons,
Ils prêchaient à leurs fils la vertu, la sagesse,
Leur parlaient du bonheur qu'ils procurent toujours ;
Le père par un conte égayait ses discours,

La mère par une caresse.
L'aîné de ces enfans, né grave, studieux,
   Lisait et méditait sans cesse;
Le cadet, vif, léger, mais plein de gentillesse,
Sautait, riait toujours, ne se plaisait qu'aux jeux.
Un soir, selon l'usage, à côté de leur père,
Assis près d'une table où s'appuyait la mère,
L'aîné lisait Rollin : le cadet, peu soigneux
D'apprendre les hauts faits des Romains ou des Parthes,
Employait tout son art, toutes ses facultés,
A joindre, à soutenir par les quatre côtés
   Un fragile château de cartes.
Il n'en respirait pas d'attention, de peur.
   Tout à coup voici le lecteur
Qui s'interrompt : Papa, dit-il, daigne m'instruire
Pourquoi certains guerriers sont nommés conquérans,
   Et d'autres fondateurs d'empire :
   Ces deux noms sont-ils différens?
Le père méditait une réponse sage,
Lorsque son fils cadet, transporté de plaisir,
Après tant de travail, d'avoir pu parvenir
   A placer son second étage,
S'écrie : Il est fini ! Son frère murmurant
Se fâche, et d'un seul coup détruit son long ouvrage;
   Et voilà le cadet pleurant.
   Mon fils, répond alors le père,
   Le fondateur c'est votre frère,
   Et vous êtes le conquérant.

FABLE XIII.

LE PHÉNIX,

Le phénix, venant d'Arabie,
Dans nos bois parut un beau jour :
Grand bruit chez les oiseaux ; leur troupe réunie
    Vole pour lui faire sa cour.
    Chacun l'observe, l'examine :
Son plumage, sa voix, son chant mélodieux,
    Tout est beauté, grace divine,
    Tout charme l'oreille et les yeux.
Pour la première fois on vit céder l'envie
Au besoin de louer et d'aimer son vainqueur.
Le rossignol disait : Jamais tant de douceur
    N'enchanta mon ame ravie.
Jamais, disait le paon, de plus belles couleurs
    N'ont eu cet éclat que j'admire,
Il éblouit mes yeux et toujours les attire.
Les autres répétaient ces éloges flatteurs,
    Vantaient le privilége unique
De ce roi des oiseaux, de cet enfant du ciel,
Qui, vieux, sur un bûcher de cèdre aromatique
Se consume lui-même, et renaît immortel.
Pendant tous ces discours la seule tourterelle,
    Sans rien dire, fit un soupir.
    Son époux, la poussant de l'aile,
    Lui demande d'où peut venir
    a rêverie et sa tristesse :
cet heureux oiseau désires-tu le sort ?
    —Moi! mon ami, je le plains fort :
    Il est le seul de son espèce.

FABLE XIV.

LA PIE ET LA COLOMBE.

UNE colombe avait son nid
Tout auprès du nid d'une pie.
Cela s'appelle voir mauvaise compagnie,
D'accord; mais de ce point pour l'heure il ne s'agit.
    Au logis de la tourterelle
    Ce n'était qu'amour et bonheur;
    Dans l'autre nid toujours querelle,
    OEufs cassés, tapage et rumeur.
Lorsque par son époux la pie était battue,
    Chez sa voisine elle venait,
    Là jasait, criait, se plaignait,
    Et faisait la longue revue
    Des défauts de son cher époux;
Il est fier, exigeant, dur, emporté, jaloux;
De plus, je sais fort bien qu'il va voir des corneilles;
    Et cent autres choses pareilles
    Qu'elle disait dans son courroux.
    Mais vous, répond la tourterelle,
Êtes-vous sans défauts? Non, j'en ai, lui dit-elle;
    Je vous le confie entre nous:
En conduite, en propos, je suis assez légère,
Coquette comme on l'est, parfois un peu colère,
Et me plaisant souvent à le faire enrager:
Mais qu'est-ce que cela?—C'est beaucoup trop, ma chè_e
    Commencez par vous corriger;
Votre humeur peut l'aigrir... Qu'appelez-vous, ma mie?
    Interrompt aussitôt la pie:
Moi de l'humeur! Comment! je vous conte mes maux,
Et vous m'injuriez! Je vous trouve plaisante.

Adieu, petite impertinente :
Mêlez-vous de vos tourtereaux

Nous convenons de nos défauts,
Mais c'est pour que l'on nous démente.

FABLE XV.

L'ÉDUCATION DU LION.

Enfin le roi lion venait d'avoir un fils;
Partout dans ses états on se livrait en proie
Aux transports éclatans d'une bruyante joie ·
    Les rois heureux ont tant d'amis!
    Sire lion, monarque sage,
Songeait à confier son enfant bien-aimé
Aux soins d'un gouverneur vertueux, estimé,
Sous qui le lionceau fît son apprentissage.
      Vous jugez qu'un choix pareil
      Est d'assez grande importance
      Pour que long-temps on y pense.
Le monarque indécis assemble son conseil .
      En peu de mots il expose
Le point dont il s'agit, et supplie instamment
Chacun des conseillers de nommer franchement
Celui qu'en conscience il croit propre à la chose.
Le tigre se leva : Sire, dit-il, les rois
    N'ont de grandeur que par la guerre;
  faut que votre fils soit l'effroi de la terre :
    Faites donc tomber votre choix
    Sur le guerrier le plus terrible,
Le plus craint après vous des hôtes de ces bois.
Votre fils saura tout, s'il sait être invincible.
L'ours fut de cet avis : il ajouta pourtant

Qu'il fallait un guerrier prudent,
Un animal de poids, de qui l'expérience
Du jeune lionceau sût régler la vaillance
    Et mettre à profit ses exploits.
    Après l'ours, le renard s'explique,
    Et soutient que la politique
    Est le premier talent des rois;
Qu'il faut donc un Mentor d'une finesse extrême
Pour instruire le prince et pour le bien former.
    Ainsi chacun, sans se nommer,
    Clairement s'indiqua soi-même:
De semblables conseils sont communs à la cour.
    Enfin le chien parle à son tour:
Sire, dit-il, je sais qu'il faut faire la guerre,
Mais je crois qu'un bon roi ne la fait qu'à regret;
    L'art de tromper ne me plaît guère:
    Je connais un plus beau secret
Pour rendre heureux l'état, pour en être le père,
Pour tenir ses sujets, sans trop les alarmer,
    Dans une dépendance entière;
    Ce secret, c'est de les aimer.
Voilà pour bien régner la science suprême;
Et si vous désirez la voir dans votre fils,
    Sire, montrez-la-lui vous-même.
Tout le conseil resta muet à cet avis.
Le lion court au chien: Ami, je te confie
Le bonheur de l'état et celui de ma vie;
Prends mon fils, sois son maître, et, loin de tout flatteur,
    S'il se peut, va former son cœur.
Il dit, et le chien part avec le jeune prince.
D'abord à son pupille il persuade bien
Qu'il n'est point lionceau, qu'il n'est qu'un pauvre chien,
Son parent éloigné. De province en province
Il le fait voyager, montrant à ses regards
Les abus du pouvoir, des peuples la misère,
Les lièvres, les lapins mangés par les renards.

Les moutons par les loups, les cerfs par la panthère,
     Partout le faible terrassé,
     Le bœuf travaillant sans salaire,
     Et le singe récompensé.
Le jeune lionceau frémissait de colère :
Mon père, disait-il, de pareils attentats
Sont-ils connus du roi? Comment pourraient-ils l'être?
Disait le chien : les grands approchent seuls du maitre,
     Et les mangés ne parlent pas.
Ainsi, sans raisonner de vertu, de prudence,
Notre jeune lion devenait tous les jours
Vertueux et prudent ; car c'est l'expérience
     Qui corrige, et non les discours.
A cette bonne école il acquit avec l'âge
     Sagesse, esprit, force et raison.
     Que lui fallait-il davantage?
Il ignorait pourtant encor qu'il fût lion ;
Lorsqu'un jour qu'il parlait de sa reconnaissance
     A son maître, à son bienfaiteur,
Un tigre furieux, d'une énorme grandeur,
Paraissant tout à coup, contre le chien s'avance.
     Le lionceau plus prompt s'élance,
Il hérisse ses crins, il rugit de fureur,
Bat ses flancs de sa queue, et ses griffes sanglantes
Ont bientôt dispersé les entrailles fumantes
     De son redoutable ennemi.
A peine il est vainqueur qu'il court à son ami :
Oh! quel bonheur pour moi d'avoir sauvé ta vie!
     Mais quel est mon étonnement!
Sais-tu que l'amitié, dans cet heureux moment,
M'a donné d'un lion la force et la furie?
Vous l'êtes, mon cher fils, oui, vous êtes mon roi,
     Dit le chien tout baigné de larmes.
Le voilà donc venu, ce moment plein de charmes,
Où, vous rendant enfin tout ce que je vous doi,
Je peux vous dévoiler un important mystère!

Retournons à la cour, mes travaux sont finis.
Cher prince, malgré moi cependant je gémis,
Je pleure; pardonnez, tout l'état trouve un père,
    Et moi je vais perdre mon fils.

FABLE XVI.

LE DANSEUR DE CORDE ET LE BALANCIER.

Sur la corde tendue un jeune voltigeur
Apprenait à danser; et déjà son adresse,
    Ses tours de force, de souplesse,
    Faisaient venir maint spectateur.
Sur son étroit chemin on le voit qui s'avance,
Le balancier en main, l'air libre, le corps droit,
    Hardi, léger autant qu'adroit;
Il s'élève, descend, va, vient, plus haut s'élance,
    Retombe, remonte en cadence,
    Et, semblable à certains oiseaux
Qui rasent en volant la surface des eaux,
    Son pied touche, sans qu'on le voie,
A la corde qui plie et dans l'air le renvoie.
Notre jeune danseur, tout fier de son talent,
Dit un jour: A quoi bon ce balancier pesant
    Qui me fatigue et m'embarrasse?
Si je dansais sans lui, j'aurais bien plus de grace,
    De force et de légèreté.
Aussitôt fait que dit. Le balancier jeté,
Notre étourdi chancelle, étend les bras et tombe.
Il se cassa le nez, et tout le monde en rit.
Jeunes gens, jeunes gens, ne vous a-t-on pas dit
Que sans règle et sans frein tôt ou tard on succombe?
La vertu, la raison, les lois, l'autorité,
Dans vos désirs fougueux vous causent quelque peine,

C'est le balancier qui vous gêne,
Mais qui fait votre sûreté.

~~~~~~

FABLE XVII.

LA JEUNE POULE ET LE VIEUX RENARD.

Une poulette jeune et sans expérience,
En trottant, cloquetant, grattant,
Se trouva, je ne sais comment,
Fort loin du poulailler, berceau de son enfance.
Elle s'en aperçut qu'il était déjà tard.
Comme elle y retournait, voici qu'un vieux renard
A ses yeux troublés se présente.
La pauvre poulette tremblante
Recommanda son ame à Dieu.
Mais le renard, s'approchant d'elle,
Lui dit : Hélas ! mademoiselle,
Votre frayeur m'étonne peu ;
C'est la faute de mes confrères,
Gens de sac et de corde, infâmes ravisseurs,
Dont les appétits sanguinaires
Ont rempli la terre d'horreurs.
e ne puis les changer, mais du moins je travaille
A préserver par mes conseils
L'innocente et faible volaille
Des attentats de mes pareils.
e ne me trouve heureux qu'en me rendant utile ;
Et j'allais de ce pas jusque dans votre asile
Pour avertir vos sœurs qu'il court un mauvais bruit,
C'est qu'un certain renard, méchant autant qu'habile,
Doit vous attaquer cette nuit.
Je viens veiller pour vous. La crédule innocente
Vers le poulailler le conduit ;

A veine est-il dans ce réduit,
Qu'il tue, étrangle, égorge, et sa griffe sanglante
Entasse les mourans sur la terre étendus,
Comme fit Diomède au quartier de Rhésus.
Il croqua tout, grandes, petites,
Coqs, poulets et chapons; tout périt sous ses dents

La pire espèce de méchans
Est celle des vieux hypocrites.

FABLE XVIII.

LES DEUX PERSANS.

Cette pauvre raison, dont l'homme est si jaloux,
N'est qu'un pâle flambeau qui jette autour de nous
Une triste et faible lumière;
Par-delà c'est la nuit. Le mortel téméraire
Qui veut y pénétrer marche sans savoir où.
Mais ne point profiter de ce bienfait suprême,
Éteindre son esprit, et s'aveugler soi-même,
C'est un autre excès non moins fou.

En Perse il fut jadis deux frères,
Adorant le soleil, suivant l'antique loi.
L'un d'eux, chancelant dans sa foi,
N'estimant rien que ses chimères,
Prétendait méditer, connaître, approfondir
De son dieu la sublime essence;
Et du matin au soir, afin d'y parvenir,
L'œil toujours attaché sur l'astre qu'il encense,
Il voulait expliquer le secret ses feux.
Le pauvre philosophe y p... es deux yeux,

Et dès lors du soleil il nia l'existence.
　　L'autre était crédule et bigot;
　　Effrayé du sort de son frère,
Il y vit de l'esprit l'abus trop ordinaire,
Et mit tous ses efforts à devenir un sot :
On vient à bout de tout; le pauvre solitaire
　　Avait peu de chemin à faire,
　　Il fut content de lui bientôt.
Mais de peur d'offenser l'astre qui nous éclaire
En portant jusqu'à lui des regards indiscrets,
　　Il se fit un trou sous la terre,
Et condamna ses yeux à ne le voir jamais.

Humains, pauvres humains, jouissez des bienfaits
D'un Dieu que vainement la raison veut comprendre,
Mais que l'on voit partout, mais qui parle à nos cœurs.
Sans vouloir deviner ce qu'on ne peut apprendre,
Sans rejeter les dons que sa main sait répandre,
Employons notre esprit à devenir meilleurs.
Nos vertus au Très-Haut sont le plus digne hommage,
　　Et l'homme juste est le seul sage.

FABLE XIX.

MYSON.

　　Myson fut connu dans la Grèce
　　Par son amour pour la sagesse;
Pauvre, libre, content, sans soins, sans embarras,
Il vivait dans les bois, seul, méditant sans cesse,
　　Et parfois riant aux éclats.
　　Un jour deux Grecs vinrent lui dire :
De la gaîté, Myson, nous sommes tous surpris :

Tu vis seul; comment peux-tu rire?
Vraiment, répondit-il, voilà pourquoi je ris.

FABLE XX.

LE CHAT ET LE MOINEAU.

La prudence est bonne de soi;
ais la pousser trop loin est une duperie :
   L'exemple suivant en fait foi.
Des moineaux habitaient dans une métairie.
Un beau champ de millet, voisin de la maison
   Leur donnait du grain à foison.
Ces moineaux dans le champ passaient toute leur vie,
Occupés de gruger les épis de millet.
Le vieux chat du logis les guettait d'ordinaire,
Tournait et retournait; mais il avait beau faire,
Sitôt qu'il paraissait, la bande s'envolait.
Comment les attraper? Notre vieux chat y songe,
   Médite, fouille en son cerveau,
Et trouve un tour tout neuf. Il va tremper dans l'eau
   Sa patte dont il fait éponge.
Dans du millet en grain aussitôt il la plonge;
   Le grain s'attache tout autour.
Alors à cloche-pied, sans bruit, par un détour,
   Il va gagner le champ, s'y couche
   La patte en l'air et sur le dos,
   Ne bougeant non plus qu'une souche.
Sa patte ressemblait à l'épi le plus gros :
L'oiseau s'y méprenait, il approchait sans crainte,
Venait pour becqueter : de l'autre patte, crac!
   Voilà mon oiseau dans le sac.
   Il en prit vingt par cette feinte.
Un moineau s'aperçoit du piége scélérat,

Et prudemment fuit la machine;
Mais dès ce jour il s'imagine
Que chaque épi de grain était patte de chat.
Au fond de son trou solitaire
Il se retire, et plus n'en sort,
Supporte la faim, la misère,
Et meurt pour éviter la mort.

FABLE XXI.

LE ROI DE PERSE.

Un roi de Perse certain jour
Chassait avec toute sa cour.
Il eut soif, et dans cette plaine
On ne trouvait point de fontaine.
Près de là seulement était un grand jardin
Rempli de beaux cédrats, d'oranges, de raisin :
A Dieu ne plaise que j'en mange!
Dit le roi, ce jardin courrait trop de danger :
Si je me permettais d'y cueillir une orange,
Mes visirs aussitôt mangeraient le verger.

FABLE XXII.

LE LINOT.

Une linotte avait un fils
Qu'elle adorait selon l'usage;
C'était l'unique fruit du plus doux mariage
Et le plus beau linot qui fût dans le pays.
Sa mère en était folle, et tous les témoignages

Que peuvent inventer la tendresse et l'amour
Étaient pour cet enfant épuisés chaque jour.
Notre jeune linot, fier de ces avantages,
Se croyait un phénix, prenait l'air suffisant,
    Tranchait du petit important
    Avec les oiseaux de son âge;
Persiflait la mésange ou bien le roitelet,
    Donnait à chacun son paquet,
Et se faisait haïr de tout le voisinage.
Sa mère lui disait : Mon cher fils, sois plus sage,
Plus modeste surtout. Hélas! je conçois bien
Les dons, les qualités qui furent ton partage;
    Mais feignons de n'en savoir rien,
    Pour qu'on les aime davantage.
    A tout cela notre linot
    Répondait par quelque bon mot;
La mère en gémissait dans le fond de son ame.
    Un vieux merle, ami de la dame,
Lui dit : Laissez aller votre fils au grand bois,
    Je vous réponds qu'avant un mois
Il sera sans défauts. Vous jugez des alarmes
De sa mère, qui pleure et frémit du danger;
Mais le jeune linot brûlait de voyager,
    Il partit donc malgré ses larmes.
    A peine est-il dans la forêt,
    Que notre petit personnage
    Du pivert entend le ramage,
    Et se moque de son fausset.
Le pivert, qui prit mal cette plaisanterie,
Vient à bons coups de bec plumer le persifleur,
    Et, deux jours après, une pie
    Le dégoûte à jamais du métier de railleur.
Il lui restait encor la vanité secrète
    De se croire excellent chanteur;
    Le rossignol et la fauvette
    Le guérirent de son erreur.

Bref, il retourna chez sa mere
Doux, poli, modeste et charmant.

Ainsi l'adversité fit, dans un seul moment,
Ce que tant de leçons n'avaient jamais pu faire.

FIN DU LIVRE SECOND.

LIVRE TROISIÈME.

FABLE I.

LES SINGES ET LE LÉOPARD.

Des singes dans un bois jouaient à la main chaude,
    Certaine guenon moricaude,
Assise gravement, tenait sur ses genoux
La tête de celui qui, courbant son échine,
    Sur sa main recevait les coups.
    On frappait fort, et puis devine!
Il ne devinait point; c'était alors des ris,
    Des sauts, des gambades, des cris.
Attiré par le bruit du fond de sa tanière,
Un jeune léopard, prince assez débonnaire,
Se présente au milieu de nos singes joyeux.
Tout tremble à son aspect. Continuez vos jeux,
Leur dit le léopard, je n'en veux à personne:
    Rassurez-vous, j'ai l'ame bonne;
Et je viens même ici, comme particulier,
    A vos plaisirs m'associer.
    Jouons, je suis de la partie.
    Ah! monseigneur, quelle bonté!
Quoi! votre altesse veut, quittant sa dignité,
Descendre jusqu'à nous?—Oui, c'est ma fantaisie
Mon altesse eut toujours de la philosophie,
    Et sait que tous les animaux
        Sont égaux.
Jouons donc, mes amis, jouons, je vous en prie.

Les singes enchantés crurent à ce discours,
    Comme l'on y croira toujours.
    Toute la troupe joviale
Se remet à jouer : l'un d'entre eux tend la main,
   · Le léopard frappe, et soudain
On voit couler du sang sous la griffe royale.
Le singe cette fois devina qui frappait;
    Mais il s'en alla sans le dire.
  Ses compagnons faisaient semblant de rire,
    Et le léopard seul riait.
Bientôt chacun s'excuse et s'échappe à la hâte,
    En se disant entre leurs dents :
    Ne jouons point avec les grands,
Le plus doux a toujours des griffes à la patte.

FABLE II.

L'INONDATION.

Des laboureurs vivaient paisibles et contens
    Dans un riche et nombreux village;
Dès l'aurore ils allaient travailler à leurs champs,
    Le soir ils revenaient chantans
    Au sein d'un tranquille ménage;
    Et la nature bonne et sage,
Pour prix de leurs travaux, leur donnait tous les ans
    De beaux blés et de beaux enfans.
Mais il faut bien souffrir, c'est notre destinée.
    Or il arriva qu'une année,
    Dans le mois où le blond Phébus
S'en va faire visite au brûlant Sirius,
    La terre, de sucs épuisée,
    Ouvrant de toutes parts son sein,
    Haletait sous un ciel d'airain.

Point de pluie et point de rosée.
Sur un sol crevassé l'on voit noircir le grain ;
Les épis sont brûlés, et leurs têtes penchées
　　Tombent sur leurs tiges séchées.
　　On trembla de mourir de faim ;
La commune s'assemble. En hâte on délibère ;
　　Et chacun, comme à l'ordinaire,
　　Parle beaucoup et rien ne dit.
Enfin quelques vieillards, gens de sens et d'esprit,
　　Proposèrent un parti sage :
Mes amis, dirent-ils, d'ici vous pouvez voir
　　Ce mont peu distant du village :
Là se trouve un grand lac, immense réservoir
Des souterraines eaux qui s'y font un passage.
Allez saigner ce lac ; mais sachez ménager
　　Un petit nombre de saignées,
Afin qu'à votre gré vous puissiez diriger
Ces bienfaisantes eaux dans vos terres baignées.
Juste quand il faudra nous les arrêterons.
Prenez bien garde au moins... Oui, oui, courons, courons
　　S'écrie aussitôt l'assemblée.
　　Et voilà mille jeunes gens
Armés d'hoyaux, de pics, et d'autres instrumens,
Qui volent vers le lac : la terre est travaillée
Tout autour de ses bords ; on perce en cent endroits
　　　A la fois :
D'un morceau de terrain chaque ouvrier se charge :
　　Courage, allons ! point de repos !
L'ouverture jamais ne peut être assez large.
Cela fut bientôt fait. Avant la nuit, les eaux,
Tombant de tout leur poids sur leur digue affaiblie,
　　De partout roulent à grands flots.
Transports et complimens de la troupe ébahie,
　　Qui s'admire dans ses travaux.
Le lendemain matin ce ne fut pas de même
On voit flotter les blés sur un océan d'eau.

Pour sortir du village il faut prendre un bateau,
Tout est perdu, noyé. La douleur est extrême,
On s'en prend aux vieillards. C'est vous, leur disait-on,
　　Qui nous coûtez notre moisson;
Votre maudit conseil... Il était salutaire,
Répondit un d'entre eux; mais ce qu'on vient de faire
Est fort loin du conseil comme de la raison.
Nous voulions un peu d'eau, vous nous lâchez la bonde;
L'excès d'un très grand bien devient un mal très grand :
　　Le sage arrose doucement,
　　L'insensé tout de suite inonde.

FABLE III.

LE SANGLIER ET LES ROSSIGNOLS.

Un homme riche, sot et vain,
Qualités qui parfois marchent de compagnie,
Croyait pour tous les arts avoir un goût divin,
Et pensait que son or lui donnait du génie.
Chaque jour à sa table on voyait réunis
Peintres, sculpteurs, savans, artistes, beaux esprits,
　　Qui lui prodiguaient les hommages,
Lui montraient des dessins, lui lisaient des ouvrages,
Écoutaient les conseils qu'il daignait leur donner,
Et l'appelaient Mécène en mangeant son dîner.
Se promenant un soir dans son parc solitaire,
Suivi d'un jardinier, homme instruit et de sens,
Il vit un sanglier qui labourait la terre,
Comme ils font quelquefois pour aiguiser leurs dents.
　Autour du sanglier, les merles, les fauvettes,
Surtout les rossignols, voltigeant, s'arrêtant,
Répétaient à l'envi leurs douces chansonnettes
　　Et le suivaient toujours chantant.

L'animal écoutait l'harmonieux ramage
Avec la gravité d'un docte connaisseur,
Baissait parfois la hure en signe de faveur,
Ou bien, la secouant, refusait son suffrage.
    Qu'est ceci ? dit le financier :
    Comment ! les chantres du bocage
Pour leur juge ont choisi cet animal sauvage ?
    Nenni, répond le jardinier :
De la terre par lui fraîchement labourée
Sont sortis plusieurs vers, excellente curée
    Qui seule attire ces oiseaux ;
    Ils ne se tiennent à sa suite
    Que pour manger ces vermisseaux ,
Et l'imbécile croit que c'est pour son mérite.

FABLE IV.

LE RHINOCÉROS ET LE DROMADAIRE.

    Un rhinocéros jeune et fort
    Disait un jour au dromadaire :
    Expliquez-moi, s'il vous plaît, mon cher frère,
D'où peut venir pour nous l'injustice du sort.
L'homme, cet animal puissant par son adresse,
Vous recherche avec soin, vous loge, vous chérit,
    De son pain même vous nourrit,
    Et croit augmenter sa richesse
    En multipliant votre espèce.
    Je sais bien que sur votre dos
Vous portez ses enfans, sa femme, ses fardeaux ;
Que vous êtes léger, doux, sobre, infatigable ;
J'en conviens franchement : mais le rhinocéros
    Des mêmes vertus est capable ;
Je crois même, soit dit sans vous mettre en courroux,

Que tout l'avantage est pour nous :
Notre corne et notre cuirasse
Dans les combats pourraient servir;
Et cependant l'homme nous chasse,
Nous méprise, nous hait, et nous force à le fuir.
    Ami, répond le dromadaire,
De notre sort ne soyez point jaloux;
C'est peu de servir l'homme, il faut encor lui plaire.
Vous êtes étonné qu'il nous préfère à vous :
Mais de cette faveur voici tout le mystère,
    Nous savons plier les genoux.

FABLE V.

LE ROSSIGNOL ET LE PAON.

L'AIMABLE et tendre Philomèle,
Voyant commencer les beaux jours,
Racontait à l'écho fidèle
Et ses malheurs et ses amours.

Le plus beau paon du voisinage,
Maître et sultan de ce canton,
Élevant la tête et le ton,
Vint interrompre son ramage.

C'est bien à toi, chantre ennuyeux,
Avec un si triste plumage,
Et ce long bec, et ces gros yeux,
De vouloir charmer ce bocage!

A la beauté seule il va bien
D'oser célébrer la tendresse :
De quel droit chantes-tu sans cesse?
Moi qui suis beau, je ne dis rien.

Pardon, répondit Philomèle :
Il est vrai, je ne suis pas belle ;
Et si je chante dans ce bois,
Je n'ai de titre que ma voix.

Mais vous, dont la noble arrogance
M'ordonne de parler plus bas,
Vous vous taisez par impuissance,
Et n'avez que vos seuls appas.

Ils doivent éblouir sans doute ;
Est-ce assez pour se faire aimer ?
Allez, puisque Amour n'y voit goutte
C'est l'oreille qu'il faut charmer.

FABLE VI.

HERCULE AU CIEL.

Lorsque le fils d'Alcmène, après ses longs travaux,
Fut reçu dans le ciel, tous les dieux s'empressèrent
De venir au-devant de ce fameux héros.
Mars, Minerve, Vénus, tendrement l'embrassèrent ;
Junon même lui fit un accueil assez doux.
Hercule transporté les remerciait tous,
Quand Plutus, qui voulait être aussi de la fête,
Vint d'un air insolent lui présenter la main.
Le héros irrité passe en tournant la tête.
Mon fils, lui dit alors Jupin,
Que t'a donc fait ce dieu ? D'où vient que la colère,
A son aspect, trouble tes sens ?
—C'est que je le connais, mon père,
Et presque toujours, sur la terre,
Je l'ai vu l'ami des méchans.

FABLE·VII.

LE LIÈVRE, SES AMIS ET LES DEUX CHEVREUILS

Un lièvre de bon caractère
Voulait avoir beaucoup d'amis.
Beaucoup ! me direz-vous, c'est une grande affaire;
    Un seul est rare en ce pays.
J'en conviens; mais mon lièvre avait cette marotte,
    Et ne savait pas qu'Aristote
Disait aux jeunes Grecs à son école admis :
    Mes amis, il n'est point d'amis.
Sans cesse il s'occupait d'obliger et de plaire;
S'il passait un lapin, d'un air doux et civil,
Vite il courait à lui : Mon cousin, disait-il,
J'ai du beau serpolet tout près de ma tanière,
De déjeuner chez moi faites-moi la faveur.
S'il voyait un cheval paître dans la campagne,
Il allait l'aborder : Peut-être monseigneur
A-t-il besoin de boire; au pied de la montagne
    Je connais un lac transparent
Qui n'est jamais ridé par le moindre zéphyre :
    Si monseigneur veut, dans l'instant
    J'aurai l'honneur de l'y conduire.
    Ainsi, pour tous les animaux,
    Cerfs, moutons, coursiers, daims, taureaux,
Complaisant, empressé, toujours rempli de zèle,
Il voulait de chacun faire un ami fidèle,
Et s'en croyait aimé parce qu'il les aimait.
Certain jour que, tranquille en son gîte, il dormait,
Le bruit du corps l'éveille, il décampe au plus vite;
    Quatre chiens s'élancent après,
    Un maudit piqueur les excite,
Et voilà notre lièvre arpentant les guérets

,a, tourne, revient; aux mêmes lieux repasse,
   Saute, franchit un long espace
Pour dévoyer les chiens, et prompt comme l'éclair,
   Gagne pays; et puis s'arrête:
   Assis, les deux pattes en l'air,
L'œil et l'oreille au guet, il élève la tête;
Cherchant s'il ne voit point quelqu'un de ses amis.
   Il aperçoit dans des taillis
Un lapin que toujours il traita comme un frère;
Il y court: par pitié, sauve-moi, lui dit-il;
   Donne retraite à ma misère,
Ouvre-moi ton terrier; tu vois l'affreux péril...
h! que j'en suis fâché! répond d'un air tranquille
   lapin: je ne puis t'offrir mon logement;
   Ma femme accouche en ce moment,
Sa famille et la mienne ont rempli mon asile;
   Je te plains bien sincèrement;
Adieu, mon cher ami. Cela dit, il s'échappe,
   Et voici la meute qui jappe.
Le pauvre lièvre part. A quelques pas plus loin,
Il rencontre un taureau que, cent fois au besoin,
Il avait obligé; tendrement il le prie
D'arrêter un moment cette meute en furie
   Qui de ses cornes aura peur.
Hélas! dit le taureau, ce serait de grand cœur:
   Mais des génisses la plus belle
Est seule dans ce bois, je l'entends qui m'appelle:
Et tu ne voudrais pas retarder mon bonheur.
Disant ces mots, il part. Notre lièvre, hors d'haleine,
Implore vainement un daim, un cerf dix cors,
Ses amis les plus sûrs; ils l'écoutent à peine,
   Tant ils ont peur du bruit des cors.
Le pauvre infortuné, sans force et sans courage,
Allait se rendre aux chiens, quand du milieu du bois
Deux chevreuils reposant sous le même feuillage
   Des chasseurs entendent la voix:

L'un d'eux se lève et part; la meute sanguinaire
    Quitte le lièvre et court après.
    En vain le piqueur en colère
Crie, et jure, et se fâche; à travers les forêts
    Le chevreuil emmène la chasse,
  a faire un long circuit, et revient au buisson
    Où l'attendait son compagnon,
    Qui dans l'instant part à sa place.
Celui-ci fait de même; et, pendant tout le jour,
Les deux chevreuils lancés et quittés tour à tour
    Fátiguent la meute obstinée.
    Enfin les chasseurs tout honteux
Prennent le bon parti de retourner chez eux.
    Déjà la retraite est sonnée,
Et les chevreuils rejoints. Le lièvre palpitant
S'approche, et leur raconte, en les félicitant,
Que ses nombreux amis, dans ce péril extrême,
L'avaient abandonné. Je n'en suis pas surpris,
Repond un des chevreuils: à quoi bon tant d'amis?
    Un seul suffit quand il nous aime.

FABLE VIII.

LES DEUX BACHELIERS.

Deux jeunes bacheliers logés chez un docteur
    Y travaillaient avec ardeur
A se mettre en état de prendre leurs licences.
Là, du matin au soir, en public disputant,
    Prouvant, divisant, ergotant
    Sur la nature et ses substances,
L'infini, le fini, l'ame, la volonté,
Les sens, le libre arbitre et la nécessité,
Ils en étaient bientôt à ne plus se comprendre

Même par là souvent l'on dit qu'ils commençaient;
  Mais c'est alors qu'ils se poussaient
Les plus beaux argumens; qui venait les entendre
  Bouche béante demeurait,
Et leur professeur même en extase admirait.
Une nuit qu'ils dormaient dans le grenier du maître
Sur un grabat commun, voilà mes jeunes gens
  Qui, dans un rêve, pensent être
  A se disputer sur les bancs.
Je démontre, dit l'un. Je distingue, dit l'autre.
Or, voici mon dilemme. Ergo, voici le nôtre...
A ces mots nos rêveurs, crians, gesticulans,
Au lieu de s'en tenir aux simples argumens
D'Aristote ou de Scot, soutiennent leur dilemme
  De coups de poing bien assenés
    Sur le nez.
Tous deux sautant du lit dans une rage extrême,
  Se saisissent par les cheveux,
Tombent et font tomber pêle-mêle avec eux
Tous les meubles qu'ils ont, deux chaises, une table,
Et quatre in-folios écrits sur parchemin.
Le professeur arrive, une chandelle en main,
  A ce tintamarre effroyable:
Le diable est donc ici! dit-il tout hors de soi:
Comment! sans y voir clair et sans savoir pourquoi,
Vous vous battez ainsi! Quelle mouche vous pique?
Nous ne nous battons point, disent-ils; jugez mieux:
  C'est que nous repassons tous deux
  Nos leçons de métaphysique.

FABLE IX.

LE ROI ALPHONSE.

Certain roi qui régnait sur les rives du Tage,
    Et que l'on surnomma *le Sage*,
    Non parce qu'il était prudent,
    Mais parce qu'il était savant,
Alphonse, fut surtout un habile astronome.
Il connaissait le ciel bien mieux que son royaume,
    Et quittait souvent son conseil
    Pour la lune ou pour le soleil.
Un soir qu'il retournait à son observatoire,
    Entouré de ses courtisans,
Mes amis, disait-il, enfin j'ai lieu de croire
    Qu'avec mes nouveaux instrumens
Je verrai, cette nuit, des hommes dans la lune.
    Votre majesté les verra,
Répondait-on; la chose est même trop c— hune,
    Elle doit voir mieux que cela.
Pendant tous ces discours, un pauvre, dans la rue,
S'approche en demandant humblement, chapeau bas,
Quelques maravédis; le roi ne l'entend pas,
Et sans le regarder son chemin continue.
Le pauvre suit le roi, toujours tendant la main,
    ujours renouvelant sa prière importune:
Mais, les yeux vers le ciel, le roi, pour tout refrain,
Répétait: Je verrai des hommes dans la lune.
    Enfin le pauvre le saisit
Par son manteau royal, et gravement lui dit:
Ce n'est pas de là-haut, c'est des lieux où nous sommes
    Que Dieu vous a fait souverain.
Regardez à vos pieds; là vous verrez des hommes,
    Et des hommes manquant de pain.

FABLE X.

LE RENARD DÉGUISÉ.

Un renard plein d'esprit, d'adresse, de prudence,
A la cour d'un lion servait depuis long-temps;
   Les succès les plus éclatans
Avaient prouvé son zèle et son intelligence.
Pour peu qu'on l'employât, toute affaire allait bien.
On le louait beaucoup, mais sans lui donner rien;
Et l'habile renard était dans l'indigence.
   Lassé de servir des ingrats,
De réussir toujours sans en être plus gras,
Il s'enfuit de la cour; dans un bois solitaire,
   Il s'en va trouver son grand-père,
Vieux renard retiré, qui jadis fut visir.
Là, contant ses exploits, et puis les injustices,
   Les dégoûts qu'il eut à souffrir,
Il demande pourquoi de si nombreux services
   N'ont jamais pu rien obtenir.
Le bonhomme renard, avec sa voix cassée,
Lui dit : Mon cher enfant, la semaine passée,
Un blaireau, mon cousin, est mort dans ce terrier:
   C'est moi qui suis son héritier,
J'ai conservé sa peau; mets-la dessus la tienne,
Et retourne à la cour. Le renard avec peine
Se soumit au conseil : affublé de la peau
   De feu son cousin le blaireau,
Il va se regarder dans l'eau d'une fontaine,
Se trouve l'air d'un sot, tel qu'était le cousin.
Tout honteux, de la cour il reprend le chemin.
Mais, quelques mois après, dans un riche équipage,
Entouré de valets, d'esclaves, de flatteurs,
   Comblé de dons et de faveurs

Il vient de sa fortune au vieillard faire hommage :
Il était grand visir. Je te l'avais bien dit,
  S'ecrie alors le vieux grand-père ;
Mon ami, chez les grands quiconque voudra plaire
  Doit d'abord cacher son esprit.

FABLE XI.

LE DERVIS, LA CORNEILLE ET LE FAUCON.

  Un de ces pieux solitaires
Qui, détachant leur cœur des choses d'ici-bas,
Font vœu de renoncer à des biens qu'ils n'ont pas,
  Pour vivre du bien de leurs frères,
Un dervis, en un mot, s'en allait mendiant
   Et priant ;
Lorsque les cris plaintifs d'une jeune corneille,
Par des parens cruels laissée en son berceau,
Presque sans plume encor, vinrent à son oreille.
Notre dervis regarde, et voit le pauvre oiseau
Allongeant sur son nid sa tête demi-nue :
  Dans l'instant, du haut de la nue,
  Un faucon descend vers ce nid ;
  Et, le bec rempli de pâture,
  Il apporte sa nourriture
  A l'orpheline qui gémit.
O du puissant Allah providente adorable!
S'écria le dervis : plutôt qu'un innocent
Périsse sans secours, tu rends compatissant
  Des oiseaux le moins pitoyable !
Et moi, fils du Très-Haut, je chercherais mon p,
  Non, par le prophète j'en jure,
Tranquille désormais, je remets mon destin
A celui qui prend soin de toute la nature.

Cela dit, le dervis, couché tout de son long,
    Se met à bâyer aux corneilles,
De la création admire les merveilles,
    De l'univers l'ordre profond.
    Le soir vint; notre solitaire
Eut un peu d'appétit en faisant sa prière:
Ce n'est rien, disait-il; mon souper va venir.
Le souper ne vient point. Allons, il faut dormir
  e sera pour demain. Le lendemain, l'aurore
    Paraît, et point de déjeuner.
    Ceci commence à l'étonner;
    Cependant il persiste encore,
Et croit à chaque instant voir venir son dîner.
Personne n'arrivait; la journée est finie,
Et le dervis à jeun voyait d'un œil d'envie
    Ce faucon qui venait toujours
    Nourrir sa pupille chérie.
Tout à coup il l'entend lui tenir ce discours:
    Tant que vous n'avez pu, ma mie,
    Pourvoir vous-même à vos besoins,
    De vous j'ai pris de tendres soins;
    À présent que vous voilà grande,
Je ne reviendrai plus. Allah nous recommande
    Les faibles et les malheureux;
    Mais être faible, ou paresseux
    C'est une grande différence.
    Nous ne recevons l'existence
Qu'afin de travailler pour nous ou pour autrui.
De ce devoir sacré quiconque se dispense
    Est puni de la providence
    Par le besoin ou par l'ennui.
Le faucon dit et part. Touché de ce langage,
Le dervis converti reconnait son erreur,
    Et gagnant le premier village,
    Se fait valet de laboureur.

7

FABLE XII.

LES ENFANS ET LES PERDREAUX.

Deux enfans d'un fermier, gentils, espiègles, beaux,
   Mais un peu gâtés par leur père,
   Cherchant des nids dans leur enclos,
   Trouvèrent des petits perdreaux
   Qui voletaient après leur mère.
Vous jugez de leur joie, et comment mes bambins
   A la troupe qui s'éparpille
   Vont partout couper les chemins,
   Et n'ont pas assez de leurs mains
   Pour prendre la pauvre famille!
La perdrix, traînant l'aile, appelant ses petits,
   Tourne en vain, voltige, s'approche;
   Déjà mes jeunes étourdis
   Ont toute sa couvée en poche.
Ils veulent partager, comme de bons amis;
Chacun en garde six, il en reste un treizième:
   L'aîné le veut, l'autre le veut aussi.
—Tirons au doigt mouillé. —Parbleu non. —Parbleu si
—Cède, ou bien tu verras.—Mais tu verras toi-même.
De propos en propos, l'aîné, peu patient,
   Jette à la tête de son frère
Le perdreau disputé. Le cadet, en colère,
   D'un des siens riposte à l'instant.
   L'aîné recommence d'autant;
Et ce jeu qui leur plaît couvre autour d'eux la terre
   De pauvres perdreaux palpitans.
Le fermier, qui passait en revenant des champs,
   Voit ce spectacle sanguinaire,
   Accourt, et dit à ses enfans:
Comment donc! petits rois, vos discordes cruelles

Font que tant d'innocens expirent par vos coups!
De quel droit, s'il vous plaît, dans vos tristes querelles,
Faut-il que l'on meure pour vous?

FABLE XIII.

L'HERMINE, LE CASTOR ET LE SANGLIER

UNE hermine, un castor, un jeune sanglier,
Cadets de leur famille, et partant sans fortune
    Dans l'espoir d'en acquérir une,
Quittèrent leur forêt, leur étang, leur hallier.
Après un long voyage, après mainte aventure,
    Ils arrivent dans un pays
    Où s'offrent à leurs yeux ravis
    Tous les trésors de la nature,
Des prés, des eaux, des bois, des vergers pleins de fruits.
Nos pèlerins, voyant cette terre chérie,
    Éprouvent les mêmes transports
Qu'Énée et ses Troyens en découvant les bords
    Du royaume de Lavinie.
Mais ce riche pays était de toutes parts
    Entouré d'un marais de bourbe,
    Où des serpens et des lézards
    Se jouait l'effroyable tourbe.
fallait le passer, et nos trois voyageurs
arrêtent sur le bord, étonnés et rêveurs.
    mine la première avance un peu la patte;
    Elle la retire aussitôt,
    En arrière elle fait un saut,
En disant: Mes amis, fuyons en grande hâte;
Ce lieu, tout beau qu'il est, ne peut nous convenir.
Pour arriver là bas il faudrait se salir;
    Et moi je suis si délicate,

Qu'une tache me fait mourir.
Ma sœur, dit le castor, un peu de patience;
On peut, sans se tacher, quelquefois réussir :
Il faut alors du temps et de l'intelligence :
Nous avons tout cela : pour moi, qui suis maçon,
Je vais en quinze jours vous bâtir un beau.pont
Sur lequel nous pourrons, sans craindre les morsures
De ces vilains serpens, sans gâter nos fourrures,
Arriver au milieu de ce charmant vallon.

　　Quinze jours ! ce terme est bien long
Répond le sanglier : moi, j'y serai plus vite :
Vous allez voir comment. En prononçant ces mots,
　　Le voilà qui se précipite
Au plus fort du bourbier, s'y plonge jusqu'au dos,
A travers les serpens, les crapauds,
Marche, pousse à son but, arrive plein de boue,
　　Et là, tandis qu'il se secoue,
Jetant à ses amis un regard de dédain :
Apprenez, leur dit-il, comme on fait son chemin.

FABLE XIV.

LA BALANCE DE MINOS.

Minos, ne pouvant plus suffire
Au fatigant métier d'entendre et de juger
Chaque ombre descendue au ténébreux empire,
　　Imagina, pour abréger,
　　De faire faire une balance,
Où dans l'un des bassins il mettait à la fois
　Cinq ou six morts, dans l'autre un certain poids
　　Qui déterminait la sentence.
Si le poids s'élevait, alors plus à loisir
　　Minos examinait l'affaire;

Si le poids baissait au contraire,
Sans scrupule il faisait punir.
La méthode était sûre, expéditive et claire,
Minos s'en trouvait bien. Un jour en même temps,
    Au bord du Styx la Mort rassemble
Deux rois, un grand ministre, un héros, trois savans.
    Minos les fait peser ensemble :
    Le poids s'élève; il en met deux,
Et puis trois, c'est en vain; quatre ne font pas mieux
Minos, un peu surpris, ôte de la balance
Ces inutiles poids, cherche un autre moyen;
Et, près de là voyant un pauvre homme de bien
Qui dans un coin obscur attendait en silence,
    Il le met seul en contre-poids :
Les six ombres alors s'élèvent à la fois.

FABLE XV.

LE RENARD QUI PRÊCHE.

Un vieux renard cassé, goutteux, apoplectique,
    Mais instruit, éloquent, disert,
    Et sachant très bien sa logique,
    Se mit à prêcher au désert.
Son style était fleuri, sa morale excellente.
Il prouvait en trois points que la simplicité,
    Les bonnes mœurs, la probité,
Donnent à peu de frais cette félicité
    Qu'un monde imposteur nous présente,
Et nous fait payer cher sans la donner jamais.
Notre prédicateur n'avait aucun succès;
Personne ne venait, hors cinq ou six marmottes,
    Ou bien quelques biches dévotes
Qui vivaient loin du bruit, sans entour, sans faveur,

Et ne pouvaient pas mettre en crédit l'orateur.
Il prit le bon parti de changer de matière,
Prêcha contre les ours, les tigres, les lions,
    Contre leurs appétits gloutons,
    Leur soif, leur rage sanguinaire.
Tout le monde accourut alors à ses sermons;
Cerfs, gazelles, chevreuils, y trouvaient mille charmes;
L'auditoire sortait toujours baigné de larmes;
Et le nom du renard devint bientôt fameux.
    Un lion, roi de la contrée,
Bon homme au demeurant, et vieillard fort pieux,
    De l'entendre fut curieux.
Le renard fut charmé de faire son entrée
A la cour: il arrive, il prêche, et cette fois,
Se surpassant lui-même, il tonne, il épouvante
    Les féroces tyrans des bois,
Peint la faible innocence à leur aspect tremblante,
Implorant chaque jour la justice trop lente
    Du maître et du juge des rois.
Les courtisans, surpris de tant de hardiesse,
    Se regardaient sans dire rien;
    Car le roi trouvait cela bien.
La nouveauté parfois fait aimer la rudesse.
Au sortir du sermon, le monarque enchanté
Fit venir le renard: Vous avez su me plaire,
Lui dit-il; vous m'avez montré la vérité:
    Je vous dois un juste salaire;
Que me demandez-vous pour prix de vos leçons?
Le renard répondit: Sire, quelques dindons

FABLE XVI.

LE PAON, LES DEUX OISONS ET LE PLONGEON

Un paon faisait la roue, et les autres oiseaux
    Admiraient son brillant plumage.
Deux oisons nasillards du fond d'un marécage
    Ne remarquaient que ses défauts.
Regarde, disait l'un, comme sa jambe est faite,
    Comme ses pieds sont plats, hideux.
Et son cri, disait l'autre, est si mélodieux,
    Qu'il fait fuir jusqu'à la chouette.
Chacun riait alors du mot qu'il avait dit.
    Tout à coup un plongeon sortit :
Messieurs, leur cria-t-il, vous voyez d'une lieue
Ce qui manque à ce paon: c'est bien voir, j'en conviens;
Mais votre chant, vos pieds, sont plus laids que les siens,
    Et vous n'aurez jamais sa queue.

FABLE XVII.

LE HIBOU, LE CHAT, L'OISON ET LE RAT.

De jeunes écoliers avaient pris dans un trou
    Un hibou,
Et l'avaient élevé dans la cour du collége.
    Un vieux chat, un jeune oison,
Nourris par le portier, étaient en liaison
Avec l'oiseau ; tous trois avaient le privilége
D'aller et de venir par toute la maison.
    A force d'être dans la classe,
    Ils avaient orné leur esprit,
    Savaient par cœur Denys d'Halicarnasse

Et tout ce qu'Hérodote et Tite-Live ont dit.
Un soir, en disputant, (des docteurs c'est l'usage
Ils comparaient entre eux les peuples anciens.
Ma foi, disait le chat, c'est aux Égyptiens
Que je donne le prix : c'était un peuple sage,
Un peuple ami des lois, instruit, discret, pieux,
    Rempli de respect pour ses dieux,
Cela seul à mon gré lui donne l'avantage.
    J'aime mieux les Athéniens,
Répondit le hibou : que d'esprit! que de grace!
    Et dans les combats quelle audace!
Que d'aimables héros parmi leurs citoyens!
A-t-on jamais plus fait avec moins de moyens?
    Des nations c'est la première.
    Parbleu, dit l'oison en colère,
    Messieurs, je vous trouve plaisans :
    Et les Romains, que vous en semble?
    Est-il un peuple qui rassemble
Plus de grandeur, de gloire et de faits éclatans?
    Dans les arts, comme dans la guerre,
    Ils ont surpassé vos amis.
    Pour moi, ce sont mes favoris :
Tout doit céder le pas aux vainqueurs de la terre.
Chacun des trois pédans s'obstine en son avis,
Quand un rat, qui de loin entendait la dispute,
Rat savant, qui mangeait des thèmes dans sa hutte
Leur cria : Je vois bien d'où viennent vos débats,
    L'Égypte vénérait les chats,
Athènes les hibous, et Rome, au Capitole,
Aux dépens de l'État nourrissait des oisons :
Ainsi notre intérêt est toujours la boussole
    Que suivent nos opinions.

FABLE XVIII.

LE PARRICIDE.

Un fils avait tué son père.
Ce crime affreux n'arrive guère
Chez les tigres, les ours; mais l'homme le commet.
Ce parricide eut l'art de cacher son forfait,
Nul ne le soupçonna : farouche et solitaire,
Il fuyait les humains et vivait dans les bois,
Espérant échapper aux remords comme aux lois.
Certain jour on le vit détruire, à coup de pierre
Un malheureux nid de moineaux.
Eh ! que vous ont fait ces oiseaux?
Lui demande un passant : pourquoi tant de colère?
Ce qu'ils m'ont fait? répond le criminel :
Ces oisillons menteurs, que confonde le ciel,
Me reprochent d'avoir assassiné mon père.
Le passant le regarde : il se trouble, il pâlit,
Sur son front son crime se lit :
Conduit devant le juge, il l'avoue et l'expie.

O des vertus dernière amie,
Toi qu'on voudrait en vain éviter ou tromper,
Conscience terrible, on ne peut t'échapper!

FABLE XIX.

L'AMOUR ET SA MÈRE.

Quand la belle Vénus, sortant du sein des mers,
Promena ses regards sur la plaine profonde,

Elle se crut d'abord seule dans l'univers :
Mais près d'elle aussitôt l'Amour naquit de l'onde.
Vénus lui fit un signe, il embrassa Vénus;
Et se reconnaissant, sans s'être jamais vus,
Tous deux sur un dauphin voguèrent vers la plage.
  Comme ils approchaient du rivage,
L'Amour, qu'elle portait, s'échappe de ses bras,
Et lance plusieurs traits, en criant : Terre! terre!
 e faites-vous? mon fils, lui dit alors sa mère.
Maman, répondit-il, j'entre dans mes états.

FABLE XX.

LE PERROQUET CONFIANT.

Cela ne sera rien, disent certaines gens,
  orsque la tempête est prochaine,
Pourquoi nous affliger avant que le mal vienne?
Pourquoi? Pour l'éviter, s'il en est encor temps.
  Un capitaine de navire,
  Fort brave homme, mais peu prudent,
  Se mit en mer malgré le vent.
  Le pilote avait beau lui dire
  Qu'il risquait sa vie et son bien,
  Notre homme ne faisait qu'en rire,
A répétait toujours : Cela ne sera rien.
  Un perroquet de l'équipage,
  A force d'entendre ces mots,
  int, et les dit pendant tout le voyage.
Le navire égaré voguait au gré des flots,
  Quand un calme plat vous l'arrête.
  Les vivres tiraient à leur fin;
int de terre voisine, et bientôt plus de pain.
hacun des passagers s'attriste, s'inquiète;

Notre capitaine se tait.
Cela ne sera rien, criait le perroquet.
Le calme continue; on vit vaille que vaille,
  Il ne reste plus de volaille :
On mange les oiseaux, triste et dernier moyen !
Perruches, cardinaux, catakois, tout y passe;
  Le perroquet, la tête basse,
Disait plus doucement : *Cela ne sera rien.*
·l pouvait encor fuir, sa cage était trouée;
.l attendit, il fut étranglé bel et bien,
 t, mourant, il criait d'une voix enrouée :
  Cela... Cela ne sera rien.

FABLE XXI.

L'AIGLE ET LA COLOMBE.

A MADAME DE MONTESSON.

O vous qui sans esprit plairiez par vos attraits,
Et de qui l'esprit seul suffirait pour séduire,
Vous qui du blond Phébus savez toucher la lyre,
  Et de l'Amour lancer les traits,
  Toute louable que vous êtes,
Je ne vous lourai point; allez, rassurez-vous :
  Ce serait vous mettre en courroux,
Je le sais; cependant les belles, les poètes
Aiment assez l'encens; vous êtes tout cela,
Et vous ne l'aimez point : j'en resterai donc là;
  Mais ne vous fâchez pas, si j'ose
Parler toujours de vous en parlant d'autre chose.

Un aigle, fils des rois de l'empire de l'air,
  Sur le soleil fixant sa vue,

Ne vivait, ne planait qu'au-delà de la nue,
Et ne se reposait qu'aux pieds de Jupiter.
Cet aigle s'ennuyait; le soleil et l'olympe,
　　Lorsque sans cesse l'on y grimpe,
　　Finissent par être ennuyeux.
　　Notre aigle donc, lassé des cieux,
Descend sur un rocher. Près de lui vient se rendre
Une blanche colombe, aux yeux doux, à l'air tendre
Et dont le seul aspect faisait passer au cœur
Ce calme qui toujours annonce le bonheur.
L'aigle s'approche d'elle, et, plein de confiance,
　　Lui raconte son déplaisir.
La colombe répond : Petite est ma science,
Mais je crois cependant que je peux vous guérir :
　　Daignez me suivre dans la plaine.
Elle dit, l'aigle part. La colombe le mène
Dans les vallons fleuris, au bord des clairs ruisseaux,
　　Lui montre mille objets nouveaux,
　　Le fait reposer sous l'ombrage,
Ensuite le conduit sur de rians coteaux,
　　Et puis le ramène au bocage,
　　Où du rossignol le ramage
　　Faisait retentir les échos :
　　Ce n'est tout, elle sait encore
Doubler chaque plaisir de son royal amant
　　Par le charme du sentiment:
　　De plus en plus, l'aigle l'adore;
　　Bientôt ils s'unissent tous deux;
　　Leur félicité s'en augmente;
　　Et, lorsque notre aigle amoureux
Voulait remercier son épouse charmante
D'avoir enfin trouvé l'art de le rendre heureux,
　　Il lui disait d'une voix attendrie :
　　Le bonheur n'est pas dans les cieux;
　　Il est près d'une bonne amie

FABLE XXII.

LE LION ET LE LÉOPARD.

Un valeureux lion, roi d'une immense plaine,
Désirait de la terre une plus grande part,
Et voulait conquérir une forêt prochaine,
  Héritage d'un léopard.
L'attaquer n'était pas chose bien difficile ;
Mais le lion craignait les panthères, les ours
Qui se trouvaient placés juste entre les deux cours.
Voici comment s'y prit notre monarque habile :
Au jeune léopard, sous prétexte d'honneur,
  Il députe un ambassadeur ;
C'était un vieux renard. Admis à l'audience,
Du jeune roi d'abord il vante la prudence,
Son amour pour la paix, sa bonté, sa douceur,
  Sa justice et sa bienfaisance ;
Puis, au nom du lion, propose une alliance
  Pour exterminer tout voisin
  Qui méconnaîtra leur puissance.
Le léopard accepte ; et, dès le lendemain,
  Nos deux héros, sur leurs frontières,
Mangent, à qui mieux mieux, les ours et les panthères
Cela fut bientôt fait ; mais, quand les rois amis,
  Partageant le pays conquis,
  Fixèrent leurs bornes nouvelles,
  Il s'éleva quelques querelles :
Le léopard lésé se plaignit du lion ;
  Celui-ci montra sa denture
  Pour prouver qu'il avait raison :
Bref, on en vint aux coups. La fin de l'aventure
  Fut le trépas du léopard :

Il apprit alors, un peu tard,
Que, contre les lions, les meilleures barrières
Sont les petits états des ours et des panthères.

LIVRE QUATRIÈME.

FABLE I.

LE SAVANT ET LE FERMIER.

Que j'aime les héros dont je conte l'histoire !
Et qu'à m'occuper d'eux je trouve de douceur !
J'ignore s'ils pourront m'acquérir de la gloire,
    Mais je sais qu'ils font mon bonheur.
Avec les animaux je veux passer ma vie ;
    Ils sont si bonne compagnie !
Je conviens cependant, et c'est avec douleur,
    Que tous n'ont pas le même cœur.
Plusieurs que l'on connaît, sans qu'ici je les nomme,
    De nos vices ont bonne part :
Mais je les trouve encor moins dangereux que l'homme ;
Et, fripon pour fripon, je préfère un renard.
    C'est ainsi que pensait un sage,
    Un bon fermier de mon pays.
Depuis quatre-vingts ans, de tout le voisinage
On venait écouter et suivre ses avis.
Chaque mot qu'il disait était une sentence.
Son exemple surtout aidait son éloquence ;
   Et, lorsque environné de ses quarante enfans,
    Fils, petits-fils, brus, gendres, filles,
Il jugeait les procès ou réglait les familles,
Nul n'eût osé mentir devant ses cheveux blancs.
   Je me souviens qu'un jour dans son champêtre asile
    Il vint un savant de la ville

Qui dit au bon vieillard : Mon père, enseignez-moi
    Dans quel auteur, dans quel ouvrage,
    Vous apprites l'art d'être sage.
Chez quelle nation, à la cour de quel roi,
    Avez-vous été, comme Ulysse,
    Prendre des leçons de justice?
Suivez-vous de Zénon la rigoureuse loi?
Avez-vous embrassé la secte d'Épicure,
Celle de Pythagore, ou du divin Platon?
De tous ces messieurs-là je ne sais pas le nom,
Répondit le vieillard : mon livre est la nature;
    Et mon unique précepteur,
        C'est mon cœur.
Je vois les animaux, j'y trouve le modèle
    Des vertus que je dois chérir :
La colombe m'apprit à devenir fidèle;
En voyant la fourmi, j'amassai pour jouir;
    Mes bœufs m'enseignent la constance,
Mes brebis la douceur, mes chiens la vigilance;
    Et, si j'avais besoin d'avis
    Pour aimer mes filles, mes fils,
La poule et ses poussins me serviraient d'exemple.
Ainsi dans l'univers tout ce que je contemple
M'avertit d'un devoir qu'il m'est doux de remplir.
Je fais souvent du bien pour avoir du plaisir,
J'aime et je suis aimé, mon ame est tendre et pure;
    Et, toujours selon ma mesure,
    Ma raison sait régler mes vœux :
    J'observe et je suis la nature,
    C'est mon secret pour être heureux.

FABLE II.

L'ÉCUREUIL, LE CHIEN ET LE RENARD.

Un gentil écureuil était le camarade,
        Le tendre ami d'un beau danois.
Un jour qu'ils voyageaient comme Oreste et Pylade,
        La nuit les surprit dans un bois.
En ce lieu point d'auberge; ils eurent de la peine
        A trouver où se bien coucher.
Enfin le chien se mit dans le creux d'un vieux chêne
Et l'écureuil plus haut grimpa pour se nicher.
        Vers minuit, c'est l'heure des crimes,
        Long-temps après que nos amis,
En se disant bonsoir, se furent endormis,
Voici qu'un vieux renard, affamé de victimes,
Arrive au pied de l'arbre; et levant le museau,
        Voit l'écureuil sur un rameau.
Il le mange des yeux, humecte de sa langue
Ses lèvres, qui de sang brûlent de s'abreuver.
Mais jusqu'à l'écureuil il ne peut arriver;
        Il faut donc, par une harangue,
L'engager à descendre; et voici son discours:
        Ami, pardonnez, je vous prie,
Si de votre sommeil j'ose troubler le cours;
Mais le pieux transport dont mon ame est remplie
Ne peut se contenir: je suis votre cousin
        Germain;
Votre mère était sœur de feu mon digne père.
Cet honnête homme, hélas! à son heure dernière,
M'a tant recommandé de chercher son neveu,
        Pour lui donner moitié du peu
Qu'il m'a laissé de bien! Venez donc, mon cher frère,
        Venez, par un embrassement,

8

Combler le doux plaisir que mon ame ressent.
Si je pouvais monter jusqu'aux lieux où vous êtes,
Oh! j'y serais déjà, soyez-en bien certain.
  Les écureuils ne sont pas bêtes,
  Et le mien était fort malin.
  Il reconnait le patelin,
Et répond d'un ton doux : Je meurs d'impatience
  De vous embrasser, mon cousin ;
Je descends : mais, pour mieux lier la connaissance,
Je veux vous présenter mon plus fidèle ami,
Un parent qui prit soin de nourrir mon enfance ;
Il dort dans ce trou-là : frappez un peu ; je pense
Que vous serez charmé de le connaître aussi.
  Aussitôt maître renard frappe,
Croyant en manger deux : mais le fidèle chien
  S'élance de l'arbre, le happe,
  Et vous l'étrangle bel et bien.

Ceci prouve deux points : d'abord, qu'il est utile
Dans la douce amitié de placer son bonheur ;
Puis, qu'avec de l'esprit, il est souvent facile
Au piége qu'il nous tend de surprendre un trompeur.

FABLE III.

LE PERROQUET.

Un gros perroquet gris, échappé de sa cage,
  Vint s'établir dans un bocage ;
Et là, prenant le ton de nos faux connaisseurs,
Jugeant tout, blâmant tout d'un air de suffisance,
 Au chant du rossignol il trouvait des longueurs,
  Critiquait surtout sa cadence.
 Linot, selon lui, ne savait pas chanter ;

La fauvette aurait fait quelque chose peut-être,
    Si de bonne heure il eût été son maître,
    Et qu'elle eût voulu profiter.
Enfin aucun oiseau n'avait l'art de lui plaire :
Et, dès qu'ils commençaient leurs joyeuses chansons,
Par des coups de sifflet répondant à leurs sons,
    Le perroquet les faisait taire.
Lassés de tant d'affronts, tous les oiseaux du bois
Viennent lui dire un jour : Mais parlez donc, beau sire,
Vous qui sifflez toujours, faites qu'on vous admire ;
Sans doute vous avez une brillante voix,
    Daignez chanter pour nous instruire.
    Le perroquet, dans l'embarras,
Se gratte un peu la tête, et finit par leur dire :
Messieurs, je siffle bien, mais je ne chante pas.

FABLE IV.

L'HABIT D'ARLEQUIN.

ous connaissez ce quai nommé de la Ferraille,
Où l'on vend des oiseaux, des hommes et des fleurs :
A mes fables souvent c'est là que je travaille ;
J'y vois des animaux, et j'observe leurs mœurs.
Un jour de mardi-gras j'étais à la fenêtre
    D'un oiseleur de mes amis,
    Quand sur le quai je vis paraître
Un petit arlequin leste, bien fait, bien mis,
Qui, la batte à la main, d'une grace légère,
Courait après un masque en habit de bergère.
Le peuple applaudissait par des ris, par des cris.
    Tout près de moi, dans une cage,
Trois oiseaux étrangers de différent plumage,
    Perruche, cardinal, serin,

Regardaient aussi l'arlequin.
La perruche disait : J'aime peu son visage,
Mais son charmant habit n'eut jamais son égal;
Il est d'un si beau vert! Vert! dit le cardinal:
Vous n'y voyez donc pas, ma chère?
L'habit est rouge assurément;
Voilà ce qui le rend charmant.
Oh! pour celui-là, mon compère,
Répondit le serin, vous n'avez pas raison,
Car l'habit est jaune-citron;
Et c'est ce jaune-là qui fait tout son mérite.
—Il est vert.—Il est jaune.—Il est rouge, morbleu!
Interrompt chacun avec feu;
Et déjà le trio s'irrite.
Amis, apaisez-vous, leur crie un bon pivert;
L'habit est jaune, rouge et vert.
Cela vous surprend fort, voici tout le mystère :
Ainsi que bien des gens d'esprit et de savoir,
Mais qui d'un seul côté regardent une affaire,
Chacun de vous ne veut y voir
Que la couleur qui sait lui plaire.

FABLE V.

LE HIBOU ET LE PIGEON.

Que mon sort est affreux! s'écriait un hibou:
Vieux, infirme, souffrant, accablé de misère,
Je suis isolé sur la terre,
Et jamais un oiseau n'est venu dans mon trou
Consoler un moment ma douleur solitaire
Un pigeon entendit ces mots,
Et courut auprès du malade :
Hélas! mon pauvre camarade.

Lui dit-il, je plains bien vos maux.
Mais je ne comprends pas qu'un hibou de votre âge
        Soit sans épouse, sans parens,
        Sans enfans ou petits-enfans.
N'avez-vous point serré les nœuds du mariage
        Pendant le cours de vos beaux ans?
Le hibou répondit : Non, vraiment, mon cher frère
        Me marier! Et pourquoi faire?
        J'en connaissais trop le danger.
Vouliez-vous que je prisse une jeune chouette
        Bien étourdie et bien coquette,
Qui me trahît sans cesse ou me fît enrager;
Qui me donnât des fils d'un méchant caractère,
        Ingrats, menteurs, mauvais sujets,
Désirant en secret le trépas de leur père
        Car c'est ainsi qu'ils sont tous faits.
        Pour des parens, je n'en ai guère,
Et ne les vis jamais : ils sont durs, exigeans,
        Pour le moindre sujet s'irritent,
        N'aiment que ceux dont ils héritent;
Encor ne faut-il pas qu'ils attendent long-temps.
Tout frère ou tout cousin nous déteste et nous pille.
        Je ne suis pas de votre avis,
Répondit le pigeon. Mais parlons des amis;
        Des orphelins c'est la famille :
Vous avez dû près d'eux trouver quelques douceurs.
        —Les amis! ils sont tous trompeurs.
J'ai connu deux hiboux qui tendrement s'aimèren'
        Pendant quinze ans, et, certain jour,
        Pour une souris s'égorgèrent.
Je crois à l'amitié moins encor qu'à l'amour.
        —Mais ainsi, Dieu me le pardonne!
        Vous n'avez donc aimé personne?
        —Ma foi non, soit dit entre nous.
—En ce cas-là, mon cher, de quoi vous plaignez-vous?

FABLE VI.

LA VIPÈRE ET LA SANGSUE.

La vipère disait un jour à la sangsue :
    Que notre sort est différent !
On vous cherche, on me fuit : si l'on peut, on me tue ;
    Et vous, aussitôt qu'on vous prend,
    Loin de craindre votre blessure,
    L'homme vous donne de son sang
    Une ample et bonne nourriture :
Cependant vous et moi faisons même piqûre
    La citoyenne de l'étang
    Répond : Oh ! que nenni, ma chère ;
La vôtre fait du mal, la mienne est salutaire.
Par moi plus d'un malade obtient sa guérison.
Par vous tout homme sain trouve une mort cruelle.
Entre nous deux, je crois, la différence est belle :
    Je suis remède, et vous poison.

    Cette fable aisément s'explique :
    C'est la satire et la critique.

FABLE VII.

LE PACHA ET LE DERVIS.

Un Arabe, à Marseille, autrefois m'a conté
    Qu'un pacha turc dans sa patrie
Vint porter certain jour un coffret cacheté
Au plus sage dervis qui fût en Arabie.
Ce coffret, lui dit-il, renferme des rubis,

Des diamans d'un très grand prix :
C'est un présent que je veux faire
A l'homme que tu jugeras
Être le plus fou de la terre.
Cherche bien, tu le trouveras.
Muni de son coffret, notre bon solitaire
S'en va courir le monde. Avait-il donc besoin
      D'aller loin ?
L'embarras de choisir était sa grande affaire :
Des fous toujours plus fous venaient de toutes parts
      Se présenter à ses regards.
      Notre pauvre dépositaire
Pour l'offrir à chacun saisissait le coffret :
      Mais un pressentiment secret
      Lui conseillait de n'en rien faire,
      L'assurait qu'il trouverait mieux.
      Errant ainsi de lieux en lieux,
      Embarrassé de son message,
      Enfin, après un long voyage,
Notre homme et le coffret arrivent un matin
      Dans la ville de Constantin.
      Il trouve tout le peuple en joie :
Que s'est-il donc passé? Rien, lui dit un iman;
C'est notre grand visir que le sultan envoie,
      Au moyen d'un lacet de soie,
      Porter au prophète un firman.
Le peuple rit toujours de ces sortes d'affaires;
      Et, comme ce sont des misères,
Notre empereur souvent lui donne ce plaisir.
      Souvent?—Oui.—C'est fort bien. Votre nouveau visir
Est-il nommé?—Sans doute, et le voilà qui passe.
Le dervis, à ces mots, court, traverse la place,
Arrive, et reconnaît le pacha son ami.
      Bon! te voilà ! dit celui-ci :
Et le coffret?—Seigneur, j'ai parcouru l'Asie :
J'ai vu des fous parfaits, mais sans oser choisir.

Aujourd'hui ma course est finie;
Daignez l'accepter, grand visir.

FABLE VIII.

LE LABOUREUR DE CASTILLE.

Le plus aimé des rois est toujours le plus fort.
 En vain la fortune l'accable;
En vain mille ennemis, ligués avec le sort,
Semblent lui présager sa perte inévitable :
L'amour de ses sujets, colonne inebranlable,
 Rend inutile leur effort.

Le petit-fils d'un roi, grand par son malheur même,
Philippe, sans argent, sans troupes, sans credit,
 Chassé par l'Anglais de Madrid,
 Croyait perdu son diadème.
Il fuyait presque seul; déplorant son malheur :
Tout à coup à ses yeux s'offre un vieux laboureur,
Homme franc, simple et droit, aimant plus que sa vie
Ses enfans et son roi, sa femme et sa patrie,
Parlant peu de vertu, la pratiquant beaucoup,
Riche, et pourtant aimé, cité dans les Castilles
 Comme l'exemple des familles.
 Son habit, filé par ses filles,
 Était ceint d'une peau de loup.
Sous un large chapeau, sa tête bien à l'aise,
Faisait voir des yeux vifs et des traits basanés,
 Et ses moustaches de son nez
 Descendaient jusque sur sa fraise.
Douze fils le suivaient, tous grands, beaux, vigoureux :
Un mulet chargé d'or était au milieu d'eux.
 Cet homme, dans cet équipage,

Devant le roi s'arrête, et lui dit : Où vas-tu?
   Un revers t'a-t-il abattu?
Vainement l'archiduc a sur toi l'avantage,
C'est toi qui régneras, car c'est toi qu'on chérit.
   Qu'importe qu'on t'ait pris Madrid?
Notre amour t'est resté, nos corps sont tes murailles;
Nous périrons pour toi dans les champs de l'honneur
   Le hasard gagne les batailles;
Mais il faut des vertus pour gagner notre cœur.
Tu l'as, tu régneras. Notre argent, notre vie
Tout est à toi, prends tout. Graces à quarante ans
   De travail et d'économie,
Je peux t'offrir cet or. Voici mes douze enfans.
Voilà douze soldats : malgré mes cheveux blancs,
Je ferai le treizième; et, la guerre finie,
Lorsque tes généraux, tes officiers, tes grands,
Viendront te demander, pour prix de leur service
   Des biens, des honneurs, des rubans,
Nous ne demanderons que repos et justice:
C'est tout ce qu'il nous faut. Nous autres pauvres gens
Nous fournissons au roi du sang et des richesses;
   Mais, loin de briguer ses largesses,
   Moins il donne et plus nous l'aimon
Quand tu seras heureux, nous fuirons ta présence,
   Nous te bénirons en silence :
   On t'a vaincu, nous te cherchons.
Il dit, tombe à genoux. D'une main paternelle
Philippe le relève en poussant des sanglots;
Il presse dans ses bras ce sujet si fidèle,
Veut parler, et les pleurs interrompent ses mots.
   Bientôt, selon la prophétie
Du bon vieillard, Philippe fut vainqueur
   Et sur le trône d'Ibérie
   N'oublia point le laboureur.

FABLE IX.

LA FAUVETTE ET LE ROSSIGNOL.

Une fauvette, dont la voix
Enchantait les échos par sa douceur extrême,
Espéra surpasser le rossignol lui-même,
Et lui fit un défi. L'on choisit dans le bois
Un lieu propre au combat : les juges se placèrent
    C'étaient le linot, le serin,
    Le rouge-gorge et le tarin.
Tous les autres oiseaux derrière eux se perchèrent
Deux vieux chardonnerets et deux jeunes pinsons
Furent gardes du camp; le merle était trompette,
Il donne le signal. Aussitôt la fauvette
    Fait entendre les plus doux sons;
    Avec adresse elle varie
De ses accens filés la touchante harmonie
Et ravit tous les cœurs par ses tendres chansons;
L'assemblée applaudit. Bientôt on fait silence;
    Alors le rossignol commence :
    Trois accords purs, égaux, brillans,
ne termine une juste et parfaite cadence,
    Sont le prélude de ses chants.
    Ensuite son gosier flexible,
Parcourant sans effort tous les tons de sa voix
Tantôt vif et pressé, tantôt lent et sensible,
    Étonne et ravit à la fois.
Les juges cependant demeuraient en balance;
Le linot, le serin, de la fauvette amis,
    Ne voulaient point donner de prix;
Les autres disputaient. L'assemblée en silence
    Écoutait leurs doctes avis,
Lorsqu'un geai s'écria : Victoire à la fauvette!

Ce mot décida sa défaite :
Pour le rossignol aussitôt
L'aréopage ailé tout d'une voix s'explique.

Ainsi le suffrage d'un sot
Fait plus de mal que sa critique.

FABLE X.

L'AVARE ET SON FILS.

PAR je ne sais quelle aventure,
Un avare, un beau jour voulant se bien traiter,
Au marché courut acheter
Des pommes pour sa nourriture.
Dans son armoire il les porta,
Les compta, rangea, recompta
Ferma les doubles tours de sa double serrure,
Et chaque jour les visita.
Ce malheureux, dans sa folie,
Les bonnes pommes ménageait ;
Mais, lorsqu'il en trouvait quelqu'une de pourrie,
En soupirant il la mangeait.
Son fils, jeune écolier, faisant fort maigre chère
Découvrit à la fin les pommes de son père.
Il attrape les clefs, et va dans ce réduit,
Suivi de deux amis d'excellent appétit.
Or vous pouvez juger le dégât qu'ils y firent
Et combien de pommes périrent !
L'avare arrive en ce moment,
De douleur, d'effroi palpitant :
Mes pommes ! criait-il : coquins, il faut les rendre,
Ou je vais tous vous faire pendre.

Mon père, dit le fils, calmez-vous, s'il vous plait ;
  Nous sommes d'honnêtes personnes :
  Et quel tort vous avons-nous fait ?
  Nous n'avons mangé que les bonnes.

FABLE XI.

LE COURTISAN ET LE DIEU PROTÉE.

  On en veut trop aux courtisans.
On va criant partout qu'à l'état inutiles,
Pour leur seul intérêt ils se montrent habiles.
  Ce sont discours de médisans.

J'ai lu, je ne sais où, qu'autrefois en Syrie
Ce fut un courtisan qui sauva sa patrie.
    Voici comment. Dans le pays
    La peste avait été portée,
Et ne devait cesser que quand le dieu Protée
    Dirait là-dessus son avis.
Ce dieu, comme l'on sait, n'est pas facile à vivre ·
Pour le faire parler il faut long-temps le suivre,
    Près de son antre l'épier,
    Le surprendre, et puis le lier,
    Malgré la figure effrayante
    Qu'il prend et quitte à volonté.
Certain vieux courtisan, par le roi député,
Devant le dieu marin tout à coup se présente.
    Celui-ci, surpris, irrité,
Se change en noir serpent : sa gueule empoisonnée
Lance et retire un dard messager du trépas,
Tandis que dans sa marche oblique et détournée,
Il glisse sur lui-même et d'un pli fait un pas.
Le courtisan sourit : Je connais cette allure,

Dit-il, et mieux que toi je sais mordre et ramper.
  Il court alors pour l'attraper :
  Mais le dieu change de figure;
Il devient tour à tour loup, singe, lynx, renard.
  Tu veux me vaincre dans mon art,
Disait le courtisan : mais, depuis mon enfance,
Plus que ces animaux avide, adroit, rusé,
Chacun de ces tours-là pour moi se trouve usé.
Changer d'habit, de mœurs, même de conscience,
  Je ne vois rien là que d'aisé.
  Lors il saisit le dieu, le lie,
Arrache son oracle, et retourne vainqueur.

  Ce trait nous prouve, ami lecteur,
Combien un courtisan peut servir la patrie.

FABLE XII.

LA GUENON, LE SINGE ET LA NOIX.

  UNE jeune guenon cueillit
  Une noix dans sa coque verte;
Elle y porte la dent, fait la grimace... Ah! certe,
  Dit-elle, ma mère mentit
Quand elle m'assura que les noix étaient bonnes.
Puis, croyez aux discours de ces vieilles personnes
Qui trompent la jeunesse! Au diable soit le fruit!
Elle jette la noix. Un singe la ramasse,
  Vite entre deux cailloux la casse,
  L'épluche, la mange, et lui dit :
  Votre mère eut raison, ma mie,
Les noix ont fort bon goût; mais il faut les ouvrir.
  Souvenez-vous que, dans la vie,
Sans un peu de travail on n'a point de plaisir.

FABLE XIII.

LE LAPIN ET LA SARCELLE.

Unis dès leurs jeunes ans
D'une amitié fraternelle,
- Un lapin, une sarcelle,
Vivaient heureux et contens.
e terrier du lapin était sur la lisière
D'un parc bordé d'une rivière.
Soir et matin nos bons amis,
Profitant de ce voisinage,
Tantôt au bord de l'eau, tantôt sous le feuillage
L'un chez l'autre étaient réunis.
Là, prenant leurs repas, se contant des nouvelles,
Ils n'en trouvaient point de si belles
Que de se répéter qu'ils s'aimeraient toujours.
Ce sujet revenait sans cesse en leurs discours.
Tout était en commun, plaisir, chagrin, souffrance :
Ce qui manquait à l'un, l'autre le regrettait ;
Si l'un avait du mal, son ami le sentait ;
Si d'un bien au contraire il goûtait l'espérance
Tous deux en jouissaient d'avance.
Tel était leur destin, lorsqu'un jour, jour affreux !
Le lapin, pour diner venant chez la sarcelle,
Ne la retrouve plus : inquiet, il l'appelle ;
Personne ne répond à ses cris douloureux.
Le lapin, de frayeur l'ame toute saisie,
Va, vient, fait mille tours, cherche dans les roseaux,
S'incline par-dessus les flots,
Et voudrait s'y plonger pour trouver son amie.
Hélas ! s'écriait-il, m'entends-tu ? réponds-moi,
Ma sœur, ma compagne chérie,
Ne prolonge pas mon effroi :

Encor quelques momens, c'en est fait de ma vie :
J'aime mieux expirer que de trembler pour toi.
    Disant ces mots, il court, il pleure,
    Et, s'avançant le long de l'eau,
    Arrive enfin près du château
    Où le seigneur du lieu demeure.
    Là, notre désolé lapin
    Se trouve au milieu d'un parterre,
    Et voit une grande volière
Où mille oiseaux divers volaient sur un bassin.
    L'amitié donne du courage.
Notre ami, sans rien craindre, approche du grillage,
Regarde, et reconnaît... ô tendresse! ô bonheur!
La sarcelle : aussitôt il pousse un cri de joie;
Et, sans perdre de temps à consoler sa sœur,
    De ses quatre pieds il s'emploie
    A creuser un secret chemin
Pour joindre son amie, et, par ce souterrain,
Le lapin tout à coup entre dans la volière,
Comme un mineur qui prend une place de guerre.
Les oiseaux effrayés se pressent en fuyant.
Lui court à la sarcelle, il l'entraîne à l'instant
Dans son obscur sentier, la conduit sous la terre,
Et, la rendant au jour, il est prêt à mourir
      De plaisir.
Quel moment pour tous deux! Que ne sais-je le peindre
    Comme je saurais le sentir!
Nos bons amis croyaient n'avoir plus rien à craindre,
Ils n'étaient pas au bout. Le maître du jardin,
En voyant le dégât commis dans sa volière,
Jure d'exterminer jusqu'au dernier lapin :
Mes fusils, mes furets! criait-il en colère.
    Aussitôt fusils et furets
      Sont tout prêts.
Les gardes et les chiens vont dans les jeunes tailles,
    Fouillant les terriers, les broussailles;

Tout lapin qui paraît trouve un affreux trépas.
Les rivages du Styx sont bordés de leurs mânes :
　　Dans le funeste jour de Cannes,
　　On mit moins de Romains à bas.
La nuit vient ; tant de sang n'a point éteint la rage
Du seigneur, qui remet au lendemain matin
　　La fin de l'horrible carnage.
　　Pendant ce temps notre lapin,
　Tapi sous des roseaux auprès de la sarcelle,
　　Attendait, en tremblant, la mort,
Mais conjurait sa sœur de fuir à l'autre bord
　　Pour ne pas mourir devant elle.
Je ne te quitte point, lui répondait l'oiseau ;
Nous séparer, serait la mort la plus cruelle.
　　Ah ! si tu pouvais passer l'eau !
Pourquoi pas ? Attends-moi... La sarcelle le quitte,
　　Et revient traînant un vieux nid
Laissé par des canards ; elle l'emplit bien vite
De feuilles de roseau, les presse, les unit
　Des pieds, du bec, en forme un batelet capable
　　De supporter un lourd fardeau ;
　　Puis elle attache à ce vaisseau
　Un brin de jonc qui servira de câble.
　　Cela fait, et le bâtiment
Mis à l'eau, le lapin entre tout doucement
Dans le léger esquif, s'assied sur son derrière,
Tandis que devant lui la sarcelle nageant,
Tire le brin de jonc, et s'en va dirigeant
　　Cette nef à son cœur si chère.
On aborde, on débarque, et jugez du plaisir !
　　Non loin du port on va choisir
　Un asile où, coulant des jours dignes d'envie
　　Nos bons amis, libres, heureux,
　　Aimèrent d'autant plus la vie,
　　Qu'ils se la devaient tous les deux.

FABLE XIV.

PAN ET LA FORTUNE.

Un jeune grand seigneur à des jeux de hasard
  Avait perdu sa dernière pistole,
    Et puis joué sur sa parole;
    Il fallait payer sans retard :
    Les dettes du jeu sont sacrées.
    On peut faire attendre un marchand,
    Un ouvrier, un indigent,
    Qui nous a fourni ses denrées,
Mais un escroc? l'honneur veut qu'au même moment
    On le paie, et très poliment.
    La loi par eux fut ainsi faite.
Notre jeune seigneur, pour acquitter sa dette,
    Ordonne une coupe de bois.
    Aussitôt les ormes, les frênes,
Et les hêtres touffus, et les antiques chênes,
    Tombent l'un sur l'autre à la fois.
Les faunes, les syivains, désertent les bocages;
Les dryades en pleurs regrettent leurs ombrages,
    Et le dieu Pan, dans sa fureur,
Instruit que le jeu seul a causé ces ravages,
S'en prend à la Fortune : O mère du malheur!
    Dit-il, infernale furie!
Tu troubles à la fois les mortels et les dieux,
Tu te plais dans le mal, et ta rage ennemie....
    Il parlait, lorsque dans ces lieux
    Tout à coup paraît la déesse.
Calme, dit-elle à Pan, le chagrin qui te presse;
    Je n'ai point causé tes malheurs :
      aux jeux de hasard, avec certains joueurs
      fais rien.—Qui donc fait tout?—L'adresse

9

FABLE XV.

LE PHILOSOPHE ET LE CHAT-HUANT.

PERSÉCUTÉ, proscrit, chassé de son asile,
Pour avoir appelé les choses par leur nom,
Un pauvre philosophe errait de ville en ville,
Emportant avec lui tous ses biens, sa raison.
Un jour qu'il méditait sur le fruit de ses veilles,
C'était dans un grand bois, il voit un chat-huant
  Entouré de geais, de corneilles,
   Qui le harcelaient en criant:
   C'est un coquin, c'est un impie,
   Un ennemi de la patrie;
Il faut le plumer vif: oui, oui, plumons, plumons,
  Ensuite nous le jugerons.
Et tous fondaient sur lui; la malheureuse bête,
Tournant et retournant sa bonne et grosse tête,
Leur disait, mais en vain, d'excellentes raisons.
Touché de son malheur, car la philosophie
  Nous rend plus doux et plus humains,
Notre sage fait fuir la cohorte ennemie,
Puis dit au chat-huant : Pourquoi ces assassins
  En voulaient-ils à votre vie?
Que leur avez-vous fait? L'oiseau lui répondit :
Rien du tout; mon seul crime est d'y voir clair la

FABLE XVI.

LES DEUX CHAUVES.

Un jour deux chauves dans un coin
Virent briller certain morceau d'ivoire.
Chacun d'eux veut l'avoir; dispute et coups de poing.
Le vainqueur y perdit, comme vous pouvez croire,
Le peu de cheveux gris qui lui restaient encor.
Un peigne était le beau trésor
Qu'il eut pour prix de sa victoire.

FABLE XVII.

LE CHAT ET LES RATS.

Un angora, que sa maîtresse
Nourrissait de mets délicats,
Ne faisait plus la guerre aux rats;
Et les rats, connaissant sa bonté, sa paresse,
Ilaient, trottaient partou', et ne se gênaient pas.
Un jour, dans un grenier retiré, solitaire,
Où notre chat dormait après un bon festin,
Plusieurs rats viennent dans le grain
Prendre leur repas ordinaire.
L'angora ne bougeait. Alors mes étourdis
Pensent qu'ils lui font peur; l'orateur de la troupe
Parle des chats avec mépris.
On applaudit fort, on s'attroupe
On le proclame général.
Grimpé sur un boisseau qui sert de tribunal:
Braves amis, dit-il, courons à la vengeance.

De ce grain désormais nous devons être las,
Jurons de ne manger désormais que des chats;
Un les dit excellens, nous en ferons bombance.
A ces mots, partageant son belliqueux transport,
Chaque nouveau guerrier sur l'angora s'élance,
    Et réveille le chat qui dort.
Celui-ci, comme on croit, dans sa juste colère,
    Couche bientôt sur la poussière
    Général, tribuns, et soldats.
    Il ne s'échappe que deux rats
Qui disaient, en fuyant bien vite à leur tanière :
    Il ne faut point pousser à bout
    L'ennemi le plus débonnaire;
On perd ce que l'on tient, quand on veut gagner tout.

FABLE XVIII.

LE MIROIR DE LA VÉRITÉ.

Dans le beau siècle d'or, quand les premiers humains,
    Au milieu d'une paix profonde,
    Coulaient des jours purs et sereins,
    La Vérité courait le monde
    Avec son miroir dans les mains.
Chacun s'y regardait, et le miroir sincère
Retraçait à chacun son plus secret désir
    Sans jamais le faire rougir :
    Temps heureux, qui ne dura guère!
L'homme devint bientôt méchant et criminel.
    La Vérité s'enfuit au ciel
En jetant de dépit son miroir sur la terre.
    Le pauvre miroir se cassa.
Ses débris, qu'au hasard la chute dispersa,
    Furent perdus pour le vulgaire.

Plusieurs siècles après on en connut le prix,
Et c'est depuis ce temps que l'on voit plus d'un sage
   Chercher avec soin ces débris,
Les retrouver parfois; mais ils sont si petits,
   Que personne n'en fait usage.
   Hélas! le sage le premier
   Ne s'y voit jamais tout entier.

FABLE XIX.

LES DEUX PAYSANS ET LE NUAGE.

   Guillot, disait un jour Lucas
   D'une voix triste et lamentable,
   Ne vois-tu pas venir là-bas
Ce gros nuage noir? C'est la marque effroyable
Du plus grand des malheurs. Pourquoi? répond Guillot.
—Pourquoi? Regarde donc; ou je ne suis qu'un sot,
   Ou ce nuage est de la grêle
Qui va tout abîmer; vigne, avoine, froment;
   Toute la récolte nouvelle
   Sera détruite en un moment.
Il ne restera rien, le village en ruine
   Dans trois mois aura la famine,
Puis la peste viendra, puis nous périrons tous.
La peste! dit Guillot: doucement, calmez-vous;
   Je ne vois point cela, compère:
Et, s'il faut vous parler selon mon sentiment,
   C'est que je vois tout le contraire;
   Car ce nuage assurément
Ne porte point de grêle, il porte de la pluie.
   La terre est sèche dès long-temps,
   Il va bien arroser nos champs;
Toute notre récolte en doit être embellie.

Nous aurons le double de foin
Moitié plus de froment, de raisins abondance;
    Nous serons tous dans l'opulence,
Et rien, hors les tonneaux, ne nous fera besoin.
C'est bien voir que cela! dit Lucas en colère.
Mais chacun a ses yeux, lui répondit Guillot.
 —Oh! puisqu'il est ainsi, je ne dirai plus mot,
    Attendons la fin de l'affaire :
Rira bien qui rira le dernier.—Dieu merci,
    Ce n'est pas moi qui pleure ici.
Ils s'échauffaient tous deux; déjà, dans leur furie,
Ils allaient se gourmer, lorsqu'un souffle de vent
Emporta loin de là le nuage effrayant :
    Ils n'eurent ni grêle ni pluie.

FABLE XX.

DON QUICHOTTE.

Contraint de renoncer à la chevalerie,
Don Quichotte voulut, pour se dédommager,
    Mener une plus douce vie,
    Et choisit l'état de berger.
Le voilà donc qui prend panetière et houlette,
Le petit chapeau rond garni d'un ruban vert
    Sous le menton faisant rosette.
    Jugez de la grace et de l'air
De ce nouveau Tircis! Sur sa rauque musette
Il s'essaie à charmer l'écho de ces cantons,
    Achète au boucher deux moutons,
Prend un roquet galeux, et, dans cet équipage
Par l'hiver le plus froid qu'on eût vu de long-temps
Dispersant son troupeau sur les rives du Tage
Au milieu de la neige il chante le printemps.

Point de mal jusque-là : chacun, à sa manière,
    Est libre d'avoir du plaisir.
Mais il vint à passer une grosse vachère;
Et le pasteur, pressé d'un amoureux désir,
Court et tombe à ses pieds : O belle Timarette,
Dit-il, toi que l'on voit parmi tes jeunes sœurs
    Comme le lis parmi les fleurs,
Cher et cruel objet de ma flamme secrète,
Abandonne un moment les soins de tes agneaux,
    Viens voir un nid de tourtereaux
    Que j'ai découvert sur ce chêne.
Je veux te le donner : hélas! c'est tout mon bien.
Ils sont blancs : leur couleur, Timarette, est la tienne;
Mais, par malheur pour moi, leur cœur n'est pas le tien.
    A ce discours, la Timarette,
    Dont le vrai nom était Fanchon,
Ouvre une large bouche, et, d'un œil fixe et bête,
    Contemple le vieux Céladon,
Quand un valet de ferme, amoureux de la belle,
Paraissant tout à coup, tombe à coup de bâton
    Sur le berger tendre et fidèle,
    Et vous l'étend sur le gazon.
    Don Quichotte criait : Arrête,
    Pasteur ignorant et brutal;
Ne sais-tu pas nos lois? Le cœur de Timarette
Doit devenir le prix d'un combat pastoral;
Chante et ne frappe pas. Vainement il l'implore,
L'autre frappait toujours, et frapperait encore,
Si l'on n'était venu secourir le berger
    Et l'arracher à sa furie.

    Ainsi guérir d'une folie,
    Bien souvent ce n'est qu'en changer.

FABLE XXI.

LE VOYAGE.

PARTIR avant le jour, à tâtons, sans voir goutte,
Sans songer seulement à demander sa route,
Aller de chute en chute, et, se traînant ainsi,
Faire un tiers du chemin jusqu'à près de midi;
Voir sur sa tête alors amasser les nuages,
Dans un sable mouvant précipiter ses pas,
Courir, en essuyant orages sur orages,
Vers un but incertain où l'on n'arrive pas;
Détrompé vers le soir, chercher une retraite,
Arriver haletant, se coucher, s'endormir :
On appelle cela naître, vivre et mourir;
    La volonté de Dieu soit faite!

FABLE XXII.

LE COQ FANFARON.

    IL fait bon battre un glorieux :
Des revers qu'il éprouve il est toujours joyeux;
Toujours sa vanité trouve dans sa défaite
    Un moyen d'être satisfaite.

    Un coq, sans force et sans talent,
    Jouissait, on ne sait comment,
    D'une certaine renommée.
Cela se voit, dit-on, chez la gent emplumée,
Et chez d'autres encore. Insolent comme un sot,
Notre coq traita mal un poulet de mérite.

La jeunesse aisément s'irrite ;
Le poulet offensé le provoque aussitôt,
Et le cou tout gonflé sur lui se précipite.
    Dans l'instant le coq orgueilleux
Est battu, déplumé, reçoit mainte blessure ;
Et, si l'on n'eût fini ce combat dangereux,
    Sa mort terminait l'aventure.
Quand le poulet fut loin, le coq, en s'épluchant,
Disait : Cet enfant-là m'a montré du courage ;
    J'ai beaucoup ménagé son âge,
    Mais de lui je suis fort content.
Un coq, vieux et cassé, témoin de cette histoire,
    La répandit et s'en moqua.
    Notre fanfaron l'attaqua,
Croyant facilement remporter la victoire.
Le brave vétéran, de lui trop mal connu,
En quatre coup de bec lui partage la crête,
Le dépouille en entier des pieds jusqu'à la tête
    Et le laisse là presque nu.
    Alors notre coq, sans se plaindre,
Dit : C'est un bon vieillard ; j'en ai bien peu souffert ;
    Mais je le trouve encore vert ;
    dans son jeune temps, il devait être à craindre.

FIN DU LIVRE

LIVRE CINQUIÈME.

FABLE I.

LE BERGER ET LE ROSSIGNOL

M. L'ABBÉ DELILLE.

O toi dont la touchante et sublime harmonie
Charme toujours l'oreille en attachant le cœur,
    Digne rival, souvent vainqueur
    Du chantre fameux d'Ausonie,
Delille, ne crains rien; sur mes légers pipeaux
Je ne viens point ici célébrer tes travaux,
Ni dans de faibles vers parler de poésie.
    Je sais que l'immortalité,
Qui t'est déjà promise au temple de Mémoire
    T'est moins chère que ta gaîté;
Je sais que, méritant tes succès sans y croire,
Content par caractère et non par vanité,
    Tu te fais pardonner ta gloire
    A force d'amabilité :
C'est ton secret, aussi je finis ce prologue;
    Mais du moins lis mon apologue;
    t si quelque envieux, quelque esprit de travers,
    Outrageant un jour tes beaux vers,
Ce donne assez d'humeur pour t'empêcher d'écrire
Je te demande alors de vouloir le relire.

Dans une belle nuit-du charmant mois de mai

berger contemplait, du haut d'une colline,
.une promenant sa lumière argentine
milieu d'un ciel pur d'étoiles parsemé
Le tilleul odorant, le lilas, l'aubépine,
Au gré du doux zéphyr balançant leurs rameaux,
    Et les ruisseaux dans les prairies
    Brisant sur des rives fleuries
    Le cristal de leurs claires eaux.
    Un rossignol, dans le bocage,
Mêlait ses doux accens à ce calme enchanteur :
L'écho les répétait, et notre heureux pasteur,
Transporté de plaisir, écoutait son ramage.
Mais tout à coup l'oiseau finit ses tendres sons.
    En vain le berger le supplie
    De continuer ses chansons;
Non, dit le rossignol, c'en est fait pour la vie;
Je ne troublerai plus ces paisibles forêts.
    N'entends-tu pas dans ce marais
    Mille grenouilles coassantes
Qui, par des cris affreux, insultent à mes chants?
Je cède, et reconnais que mes faibles accens
Ne peuvent l'emporter sur leurs voix glapissantes.
Ami, dit le berger, tu vas combler leurs vœux;
Te taire est le moyen qu'on les écoute mieux :
Je ne les entends plus aussitôt que tu chantes.

~~~~~~

FABLE II.

LES DEUX LIONS.

Sur les bords africains, aux lieux inhabités
Où le char du soleil roule en brûlant la terre
Deux énormes lions, de la soif tourmentés,
Arrivèrent au pied d'un désert solitaire.

Un filet d'eau coulait, faible et dernier effort
  De quelque naïade expirante.
  Les deux lions courent d'abord
  Au bruit de cette eau murmurante.
Ils pouvaient boire ensemble; et la fraternité,
Le besoin, leur donnaient ce conseil salutaire :
  Mais l'orgueil disait le contraire,
  Et l'orgueil fut seul écouté.
Chacun veut boire seul : d'un œil plein de colère
  L'un l'autre ils vont se mesurans,
Hérissent de leur cou l'ondoyante crinière;
De leur terrible queue ils se frappent les flancs
Et s'attaquent avec de tels rugissemens,
Qu'à ce bruit, dans le fond de leur sombre tanière,
Les tigres d'alentour vont se cacher tremblans.
  Égaux en vigueur, en courage,
Ce combat fut plus long qu'aucun de ces combats
Qui d'Achille ou d'Hector signalèrent la rage;
  Car les dieux ne s'en mêlaient pas.
Après une heure ou deux d'efforts et de morsures,
Nos héros fatigués, déchirés, haletans,
  S'arrêtèrent en même temps.
  Couverts de sang et de blessures,
  N'en pouvant plus, morts à demi,
Se traînant sur le sable, à la source ils vont boire;
Mais, pendant le combat, la source avait tari.
Ils expirent auprès.

          Vous lisez votre histoire,
Malheureux insensés, dont les divisions,
    orgueil, les fureurs, la folie,
Consument en douleurs le moment de la vie :
    Hommes, vous êtes ces lions;
    Vos jours, c'est l'eau qui s'est tarie.

FABLE III.

LE PROCÈS DES DEUX RENARDS.

Que je hais cet art de pédant,
  Cette logique captieuse,
Qui d'une chose claire en fait une douteuse,
D'un principe erroné tire subtilement
  Une conséquence trompeuse,
  Et raisonne en déraisonnant!
Les Grecs ont inventé cette belle manière :
Ils ont fait plus de mal qu'ils ne croyaient en faire.
Que Dieu leur donne paix! Il s'agit d'un renard,
Grand argumentateur, célèbre babillard,
  Et qui montrait la rhétorique.
  Il tenait école publique,
Avait des écoliers qui payaient en poulets.
Un d'eux, qu'on destinait à plaider au palais,
Devait payer son maître à la première cause
  Qu'il gagnerait : ainsi la chose
Avait été réglée et d'une et d'autre part.
Son cours étant fini, mon écolier renard
  Intente un procès à son maître,
Disant qu'il ne doit rien. Devant le léopard
  Tous les deux s'en vont comparaître.
  Monseigneur, disait l'écolier,
Si je gagne, c'est clair, je ne dois rien payer;
  Si je perds, nulle est sa créance;
  Car il convient que l'échéance
  N'en devait arriver qu'après
  Le gain de mon premier procès :
Or, ce procès perdu, je suis quitte, je pense:
  Mon dilemme est certain. Nenni,
  Répondait aussitôt le maître,

Si vous perdez, payez; la loi l'ordonne ainsi.
    Si vous gagnez, sans plus remettre,
    Payez; car vous avez signé.
Promesse de payer au premier plaid gagné :
Vous y voilà. Je crois l'argument sans réponse.
Chacun attend alors que le juge prononce,
    Et l'auditoire s'étonnait
    Qu'il n'y jetât pas son bonnet.
Le léopard rêveur prit enfin la parole :
Hors de cour, leur dit-il; défense à l'écolier
    De continuer son métier,
    Au maître de tenir école.

FABLE IV.

LA COLOMBE ET SON NOURRISSON.

    Une colombe gémissait
    De ne pouvoir devenir mère :
Elle avait fait cent fois tout ce qu'il fallait faire
Pour en venir à bout, rien ne réussissait.
Un jour, se promenant dans un bois solitaire,
    Elle rencontre en un vieux nid
Un œuf abandonné, point trop gros, point petit
    Semblable aux œufs de tourterelle.
    Ah! quel bonheur! s'écria-t-elle :
    Je pourrai donc enfin couver,
    Et puis nourrir, puis élever
Un enfant qui fera le charme de ma vie!
    Tous les soins qu'il me coûtera,
    Les tourmens qu'il me causera,
Seront encor des biens pour mon ame ravie;
    Quel plaisir vaut ces soucis-là?
Cela dit, dans le nid la colombe établie

Se met à couver l'œuf, et le couve si bien,
   Qu'elle ne le quitte pour rien.
Pas même pour manger; l'amour nourrit les mères.
Après vingt et un jours elle voit naître enfin
Celui dont elle attend son bonheur, son destin,
   Et ses délices les plus chères.
   De joie elle est prête à mourir;
Auprès de son petit nuit et jour elle veille,
L'écoute respirer, le regarde dormir,
   S'épuise pour le mieux nourrir.
   L'enfant chéri vient à merveille,
   Son corps grossit en peu de temps:
   Mais son bec, ses yeux et ses ailes
   Diffèrent fort des tourterelles;
   La mère les voit ressemblans.
   A bien élever sa jeunesse
Elle met tous ses soins, lui prêche la sagesse,
Et surtout l'amitié, lui dit à chaque instant:
   Pour être heureux, mon cher enfant,
Il ne faut que deux points, la paix avec soi-même,
Puis quelques bons amis dignes de nous chérir.
La vertu de la paix nous fait seule jouir;
   Et le secret pour qu'on nous aime,
C'est d'aimer les premiers, facile et doux plaisir.
   Ainsi parlait la tourterelle,
   Quand, au milieu de sa leçon,
   Un malheureux petit pinson,
Échappé de son nid, vient s'abattre auprès d'elle.
Le jeune nourrisson à peine l'aperçoit,
   Qu'il court à lui: sa mère croit
Que c'est pour le traiter comme ami, comme frère,
   Et pour offrir au voyageur
   Une retraite hospitalière.
Elle applaudit déjà: mais quelle est sa douleur,
Lorsqu'elle voit son fils, ce fils dont la jeunesse
N'entendit que leçons de vertu, de sagesse,

Saisir le faible oiseau, le plumer, le manger,
Et garder, au milieu de l'horrible carnage,
Ce tranquille sang-froid, assuré témoignage
Que le cœur désormais ne peut se corriger !
     Elle en mourut, la pauvre mère.
Quel triste prix des soins donnés à cet enfant !
     Mais c'était le fils d'un milan :
     Rieu ne change le caractère.

FABLE V.

L'ANE ET LA FLUTE.

     Les sots sont un peuple nombreux,
     Trouvant toutes choses faciles :
faut le leur passer, souvent ils sont heureux ;
     Grand motif de se croire habiles.

     Un âne, en broutant ses chardons,
Regardait un pasteur jouant, sous le feuillage,
     D'une flûte dont les doux sons
Attiraient et charmaient les bergers du bocage.
Cet âne mécontent disait : Ce monde est fou !
     Les voilà tous, bouche béante,
Admirant un grand sot qui sue et se tourmente
     A souffler dans un petit trou.
C'est par de tels efforts qu'on parvient à leur plaire
Tandis que moi... Suffit... Allons-nous-en d'ici
     Car je me sens trop en colère.
     Notre âne, en raisonnant ainsi,
Avance quelques pas, lorsque ; sur la fougere,
Une flûte, oubliée en ces champêtres lieux
     Par quelque pasteur amoureux,
Se trouve sous ses pieds. Notre âne se redresse

Sur elle de côté fixe ses deux gros yeux;
Une oreille en avant, lentement il se baisse,
Applique son naseau sur le pauvre instrument,
Et souffle tant qu'il peut. O hasard incroyable
    Il en sort un son agréable.
    L'âne se croit un grand talent,
Et, tout joyeux, s'écrie, en faisant la culbute:
    Eh! je joue aussi de la flûte.

FABLE VI.

LE PAYSAN ET LA RIVIÈRE.

Je veux me corriger, je veux changer de vie,
Me disait un ami: dans des liens honteux
    Mon ame s'est trop avilie;
J'ai cherché le plaisir, guidé par la folie,
Et mon cœur n'a trouvé que le remords affreux.
C'en est fait, je renonce à l'indigne maitresse
Que j'adorai toujours sans jamais l'estimer;
Tu connais pour le jeu ma coupable faiblesse,
    Eh bien! je vais la réprimer;
    Je vais me retirer du monde;
Et, calme désormais, libre de tous soucis,
    Dans une retraite profonde,
Vivre pour la sagesse et pour mes seuls amis.
    Que de fois vous l'avez promis!
    Toujours en vain, lui répondis-je.
Çà, quand commencez-vous?—Dans huit jours, sûrement
—Pourquoi pas aujourd'hui? Ce long retard m'afflige.
    —Oh! je ne puis dans un moment
    Briser une si forte chaîne:
Il me faut un prétexte; il viendra, j'en réponds.
    Causant ainsi, nous arrivons

Jusque sur les bords de la Seine,
Et j'aperçois un paysan
Assis sur une large pierre,
Regardant l'eau couler d'un air impatient.
—L'ami, que fais-tu là?—Monsieur, pour une affair'
Au village prochain je suis contraint d'aller:
Je ne vois point de pont pour passer la rivière,
Et j'attends que cette eau cesse enfin de couler.

Mon ami, vous voilà, cet homme est votre image:
Vous perdez en projets les plus beaux de vos jours:
Si vous voulez passer, jetez-vous à la nage;
Car cette eau coulera toujours.

FABLE VII.

JUPITER ET MINOS.

Mon fils, disait un jour Jupiter à Minos,
Toi qui juges la race humaine,
Explique-moi pourquoi l'enfer suffit à peine
Aux nombreux criminels que t'envoie Atropos.
Quel est de la vertu le fatal adversaire
Qui corrompt à ce point la faible humanité?
C'est, je crois, l'intérêt.—L'intérêt? Non, mon père.
—Et qu'est-ce donc?—L'oisiveté.

FABLE VIII.

LE PETIT CHIEN.

La vanité nous rend aussi dupes que sots.
    Je me souviens, à ce propos,
Qu'au temps jadis, après une sanglante guerre
    Où, malgré les plus beaux exploits,
    Maint lion fut couché par terre,
    L'éléphant régua dans les bois.
    Le vainqueur, politique habile,
    Voulant prévenir désormais
Jusqu'au moindre sujet de discorde civile,
De ses vastes états exila pour jamais
La race des lions, son ancienne ennemie.
L'édit fut proclamé. Les lions affoiblis,
Se soumettant au sort qui les avait trahis,
    Abandonnent tous leur patrie.
Ils ne se plaignent pas, ils gardent dans leur cœur
    Et leur courage et leur douleur.
Un bon vieux petit chien, de la charmante espèce
De ceux qui vont portant jusqu'au milieu du dos
    Une toison tombante à flots,
    Exhalait ainsi sa tristesse :
Il faut donc vous quitter, ô pénates chéris !
    Un barbare, à l'âge où je suis,
M'oblige à renoncer aux lieux qui m'ont vu naître.
Sans appui, sans secours, dans un pays nouveau,
Je vais, les yeux en pleurs, demander un tombeau
    Qu'on me refusera peut-être.
O tyran, tu le veux ! allons, il faut partir.
Un barbet l'entendit : touché de sa misère,
Quel motif, lui dit-il, peut t'obliger à fuir ?
—Ce qui m'y force ? ô ciel ! Et cet édit sévère

Qui nous chasse à jamais de cet heureux canton?...
–Nous?–Non pas vous, mais moi.–Comment! toi, mon cher
 frère?
Qu'as-tu donc de commun?... Plaisante question!
  Eh! ne suis-je pas un lion[1]?

~~~~~~

FABLE IX.

LE LÉOPARD ET L'ÉCUREUIL.

Un écureuil sautant, gambadant sur un chêne,
Manqua sa branche, et vint, par un triste hasard,
  Tomber sur un vieux léopard
  Qui faisait sa méridienne.
Vous jugez s'il eut peur! En sursaut s'éveillant,
  'animal irrité se dresse;
  t l'écureuil, s'agenouillant,
Tremble et se fait petit aux pieds de son altesse.
  Après l'avoir considéré,
Le léopard lui dit : Je te donne la vie,
Mais à condition que de toi je saurai
Pourquoi cette gaîté, ce bonheur que j'envie,
Embellissent tes jours, ne te quittent jamais,
  Tandis que moi, roi des forêts,
  Je suis si triste et je m'ennuie.
  Sire, lui répond l'écureuil,
  Je dois à votre bon accueil
  La vérité : mais, pour la dire,
Sur cet arbre un peu haut je voudrais être assis.
  —Soit, j'y consens : monte.—J'y suis.
  A présent je peux vous instruire.
  Mon grand secret pour être heureux

(1, La petite espèce de chiens dont on veut parler porte le nom de
thiens-lions

C'est de vivre dans l'innocence
L'ignorance du mal fait toute ma science
Mon cœur est toujours pur, cela rend bien joyeux
Vous ne connaissez pas la volupté suprême
De dormir sans remords; vous mangez les chevr uils
Tandis que je partage à tous les écureuils
Mes feuilles et mes fruits; vous haïssez, et j'aime :
Tout est dans ces deux mots. Soyez bien convaincu
De cette vérité que je tiens de mon père :
Lorsque notre bonheur nous vient de la vertu,
La gaité vient bientôt de notre caractère.

FABLE

LE PRÊTRE DE JUPITER.

Un prêtre de Jupiter,
Père de deux grandes filles,
Toutes deux assez gentilles,
De bien les marier fit son soin le plus cher.
Les prêtres de ce temps vivaient de sacrifices,
Et n'avaient point de bénéfices :
La dot était fort mince. Un jeune jardinier
Se présenta pour gendre; on lui donna l'aînée.
Bientot après cet hyménée
La cadette devint la femme d'un potier.
A quelques jours de là, chaque épouse établie
Chez son époux, le père va les voir.
Bonjour, dit-il : je viens savoir
Si le choix que j'ai fait rend heureuse ta vie,
S'il ne te manque rien, si je peux y pourvoir.
Jamais, répond la jardinière,
Vous ne fites meilleure affaire :
La paix et le bonheur habitent ma maison;

Je tâche d'être bonne, et mon époux est bon ;
    Il sait m'aimer sans jalousie,
    Je l'aime sans coquetterie :
Ainsi tout est plaisir, tout jusqu'à nos travaux ;
Nous ne désirons rien, sinon qu'un peu de pluie
    Fasse pousser nos artichauts.
—C'est là tout ?—Oui vraiment.—Tu seras satisfaite,
Dit le vieillard : demain je célèbre la fête
    De Jupiter ; je lui dirai deux mots.
    Adieu, ma fille.—Adieu, mon père.
Le prêtre de ce pas s'en va chez la potière,
    L'interroger, comme sa sœur,
    Sur son mari, sur son bonheur.
Oh ! répond celle-ci, dans mon petit ménage,
    Le travail, l'amour, la santé,
    Tout va fort bien, en vérité ;
Nous ne pouvons suffire à la vente, à l'ouvrage
Notre unique désir serait que le soleil
Nous montrât plus souvent son visage vermeil
    Pour sécher notre poterie.
    Vous, pontife du dieu de l'air,
Obtenez-nous cela, mon père, je vous prie ;
    Parlez pour nous à Jupiter.
    —Très volontiers, ma chère amie :
Mais je ne sais comment accorder mes enfans :
    Tu me demandes du beau temps,
    Et ta sœur a besoin de pluie.
Ma foi, je me tairai de peur d'être en défaut.
Jupiter, mieux que nous, sait bien ce qu'il nous faut ;
    serait folie extrême.
    temps comme il veut l'envoyer.
    cher aux dieux qu'il ne l'est à lui-même.
    est les prier.

FABLE XI.

LE CROCODILE ET L'ESTURGEON.

la rive du Nil un jour deux beaux enfans
S'amusaient à faire sur l'onde,
Avec des cailloux plats, ronds, légers et tranchans,
Les plus beaux ricochets du monde.
Un crocodile affreux arrive entre deux eaux;
S'élance tout à coup, happe "un des marmots,
Qui crie, et disparaît dans sa gueule profonde.
L'autre fuit, en pleurant son pauvre compagnon.
Un honnête et digne esturgeon,
Témoin de cette tragédie,
S'éloigne avec horreur, se cache au fond des flots
Mais bientôt il entend le coupable amphibie
Gémir et pousser des sanglots:
Le monstre a des remords, dit-il: ô providence!
Tu venges souvent l'innocence;
Pourquoi ne la sauves-tu pas?
Ce scélérat du moins pleure ses attentats;
L'instant est propice, je pense,
Pour lui prêcher la pénitence:
Je m'en vais lui parler. Plein de compassion,
Notre saint homme d'esturgeon
Vers le crocodile s'avance:
Pleurez, lui cria-t-il, pleurez votre forfait;
Livrez votre ame impitoyable
Au remords, qui des dieux est le dernier bienfait,
Le seul médiateur entre eux et le coupable.
Malheureux! manger un enfant!
Mon cœur en a frémi; j'entends gémir le vôtre...
Oui, répond l'assassin, je pleure en ce moment

De regret d'avoir manqué l'autre.

Tel est le remords du méchant.

FABLE XII.

LA CHENILLE.

Un jour, causant entre eux, différens animaux
  Louaient beaucoup le ver à soie :
Quel talent, disaient-ils, cet insecte déploie
En composant ces fils si doux, si fins, si beaux
  Qui de l'homme font la richesse !
Tous vantaient son travail, exaltaient son adresse.
Une chenille seule y trouvait des défauts,
Aux animaux surpris en faisait la critique ;
  Disait des mais et puis des si.
n renard s'écria : Messieurs, cela s'explique,
  C'est que madame file aussi.

FABLE XIII.

LA TOURTERELLE ET LA FAUVETTE.

Une fauvette, jeune et belle,
S'amusait à chanter tant que durait le jour ;
  Sa voisine la tourterelle
Ne voulait, ne savait rien faire que l'amour.
Je plains bien votre erreur, dit-elle à la fauvette ;
  Vous perdez vos plus beaux momens :
Il n'est qu'un seul plaisir, c'est d'avoir des amans.
Dites-moi, s'il vous plaît, quelle est la chansonnette

Qui peut valoir un doux baiser?
Je me garderais bien d'oser
   comparer, répondit la chanteuse :
Mais je ne suis point malheureuse,
J'ai mis mon bonheur dans mes chants.
  A ce discours, la tourterelle,
   En se moquant, s'éloigna d'elle.
Sans se revoir elles furent dix ans.
Après ce long espace, un beau jour de printemps,
Dans la même forêt elles se rencontrèrent.
L'âge avait bien un peu dérangé leurs attraits
   Long-temps elles se regardèrent
Avant que de pouvoir se remettre leurs traits.
   Enfin la fauvette polie
S'avance la première : Eh! bonjour, mon amie,
Comment vous portez-vous? comment vont les amans?
   —Ah! ne m'en parlez pas, ma chère :
  J'ai tout perdu, plaisirs, amis, beaux ans :
  Tout a passé comme une ombre légère.
J'ai cru que le bonheur était d'aimer, de plaire...
O souvenir cruel! ô regrets superflus!
   J'aime encore, on ne m'aime plus.
J'ai moins perdu que vous, répondit la chanteuse :
Cependant je suis vieille et je n'ai plus de voix;
Mais j'aime la musique, et suis encore heureuse
Lorsque le rossignol fait retentir ces bois.
   La beauté, ce présent céleste,
  peut, sans les talens, échapper à l'ennui
   La beauté passe, un talent reste;
   On en jouit même en autrui.

FABLE XIV.

LE CHARLATAN.

Sur le Pont-Neuf, entouré de badauds,
Un charlatan criait à pleine tête :
Venez, messieurs, accourez faire emplette
   Du grand remède à tous les maux ;
     C'est une poudre admirable
    Qui donne de l'esprit aux sots,
De l'honneur aux fripons, l'innocence aux coupables,
    Aux vieilles femmes des amans,
Au vieillard amoureux une jeune maîtresse,
    Aux fous le prix de la sagesse,
    Et la science aux ignorans.
  Avec ma poudre, il n'est rien dans la vie
    Dont bientôt on ne vienne à bout ;
Par elle on obtient tout, on sait tout, on fait tout
    C'est la grande encyclopédie.
Vite je m'approchai pour voir ce beau trésor...
    C'était un peu de poudre d'or.

FABLE XV.

LA SAUTERELLE.

  C'en est fait, je quitte le monde ;
Je veux fuir pour jamais le spectacle odieux
Des crimes, des horreurs dont sont blessés mes yeux.
    Dans une retraite profonde,
    Loin des vices, loin des abus,
Je passerai mes jours doucement à maudire

Les méchans de moi trop connus.
Seule ici-bas j'ai des vertus :
Aussi pour ennemi j'ai tout ce qui respire,
Tout l'univers m'en veut; homme, enfans, animaux,
    Jusqu'au plus petit des oiseaux,
    Tous sont occupés de me nuire.
Eh! qu'ai-je fait pourtant?... Que du bien. Les ingrats!
Ils me regretteront, mais après mon trépas.
   usi se lamentait certaine sauterelle
     Hypocondre et n'estimant qu'elle.
     Où prenez-vous cela, ma sœur?
     Lui dit une de ses compagnes :
Quoi! vous ne pouvez pas vivre dans ces campagnes
En broutant de ces prés la douce et tendre fleur,
Sans vous embarrasser des affaires du monde?
    Je sais qu'en travers il abonde;
Il fut ainsi toujours, et toujours il sera;
Ce que vous en direz grand'chose n'y fera.
D'ailleurs, où vit-on mieux? Quant à votre colère
Contre ces ennemis qui n'en veulent qu'à vous,
    Je pense, ma sœur, entre nous,
    Que c'est peut-être une chimère,
Et que l'orgueil souvent donne ces visions.
Dédaignant de répondre à ces sottes raisons,
La sauterelle part, et sort de la prairie,
      Sa patrie.
Elle sauta deux jours pour faire deux cents pas.
Alors elle se croit au bout de l'hémisphère,
Chez un peuple inconnu, dans de nouveaux états;
    Elle admire ces beaux climats,
 lue avec respect cette rive étrangère.
    Près de là, des épis nombreux
   de longs chalumeaux, à six pieds de la terre,
  loyans et pressés se balançaient entre eux.
    Oh! que voilà bien mon affaire!
 it-elle avec transport : dans ces sombres taillis

Je trouverai sans doute un désert solitaire,
C'est un asile sûr contre mes ennemis.
La voilà dans le blé. Mais, dès l'aube suivante,
 Voici venir les moissonneurs.
 Leur troupe nombreuse et bruyante
S'étend en demi-cercle; et, parmi les clameurs,
 Les ris, les chants des jeunes filles,
Les épis entassés tombent sous les faucilles,
La terre se découvre, et les blés abattus
 Laissent voir les sillons tout nus.
Pour le coup, s'écriait la triste sauterelle,
Voilà qui prouve bien la haine universelle
Qui partout me poursuit : à peine en ce pays
A-t-on su que j'étais, qu'un peuple d'ennemis
 S'en vient pour chercher sa victime.
 Dans la fureur qui les anime,
Employant contre moi les plus affreux moyens,
De peur que je n'échappe, ils ravagent leurs biens :
Ils y mettraient le feu, s'il était nécessaire.
Eh! messieurs, me voilà, dit-elle en se montrant;
 Finissez un travail si grand,
 Je me livre à votre colère.
 Un moissonneur, dans ce moment,
Par hasard la distingue : il se baisse, la prend,
Et dit, en la jetant dans une herbe fleurie :
 Va manger, ma petite amie.

FABLE XVI.

LA GUÊPE ET L'ABEILLE.

 Dans le calice d'une fleur
 La guêpe un jour voyant l'abeille,
 S'approche en l'appelant sa sœur.

Ce nom sonne mal à l'oreille
De l'insecte plein de fierté,
Qui lui répond : Nous sœurs! ma mie,
Depuis quand cette parenté?
Mais c'est depuis toute la vie,
Lui dit la guêpe avec courroux :
Considérez-moi, je vous prie,
J'ai des ailes tout comme vous,
Même taille, même corsage;
Et, s'il vous en faut davantage.
Nos dards sont aussi ressemblans.
Il est vrai, répliqua l'abeille,
Nous avons une arme pareille,
Mais pour des emplois différens.
La vôtre sert votre insolence,
La mienne repousse l'offense;
Vous provoquez, je me défends.

FABLE XVII.

LE HÉRISSON ET LES LAPINS

Il est certains esprits d'un naturel hargneux
    Qui toujours ont besoin de guerre;
Ils aiment à piquer, se plaisent à déplaire,
Et montrent pour cela des talens merveilleux.
    Quant à moi, je les fuis sans cesse,
Eussent-ils tous les dons et tous les attributs;
J'y veux de l'indulgence ou de la politesse;
    C'est la parure des vertus.

    Un hérisson, qu'une tracasserie
    Avait forcé de quitter sa patrie,
      Dans un grand terrier de lapins

Vint porter sa misanthropie.
Il leur conta ses longs chagrins,
Contre ses ennemis exhala bien sa bile,
Et finit par prier les hôtes souterrains
    De vouloir lui donner asile.
    Volontiers, lui dit le doyen :
Nous sommes bonnes gens, nous vivons comme frères,
Et nous ne connaissons ni le tien ni le mien ;
Tout est commun ici : nos plus grandes affaires
    Sont d'aller, dès l'aube du jour,
Brouter le serpolet, jouer sur l'herbe tendre :
Chacun, pendant ce temps, sentinelle à son tour,
V..... .... qui voudrait nous surprend e;
S'il l'aperçoit, il frappe, et nous voilà blottis.
    Avec nos femmes, nos petits,
    Dans la gaîté, dans la concorde,
Nous passons les instans que le ciel nous accorde.
    Souvent ils sont prompts à finir ;
Les panneaux, les furets abrègent notre vie,
    Raison de plus pour en jouir.
Du moins, par l'amitié, l'amour et le plaisir,
Autant qu'elle a duré, nous l'avons embellie :
    Telle est notre philosophie,
Si cela vous convient, demeurez avec nous,
    Et soyez de la colonie ;
Sinon, faites l'honneur à notre compagnie
D'accepter à dîner, puis retournez chez vous.
    A ce discours plein de sagesse,
Le hérisson repart qu'il sera trop heureux
    De passer ses jours avec eux.
    Alors chaque lapin s'empresse
    D'imiter l'honnête doyen
    Et de lui faire politesse.
    Jusques au soir tout alla bien.
Mais, lorsqu'après souper la troupe réunie
Se mit à deviser des affaires du temps

Le hérisson de ses piquans
lerse un jeune lapin. Doucement, je vous prie,
   Lui dit le père de l'enfant.
   Le hérisson, se retournant,
En pique deux, puis trois, et puis un quatrième.
On murmure, on se fâche, on l'entoure en grondant.
Messieurs, s'écria-t-il, mon regret est extrême;
Il faut me le passer, je suis ainsi bâti,
   Et je ne puis pas me refondre.
Ma foi, dit le doyen, en ce cas, mon ami,
   Tu peux aller te faire tondre.

— FABLE XVIII.

LE MILAN ET LE PIGEON.

Un milan plumait un pigeon,
   Et lui disait : Méchante bête,
Je te connais, je sais l'aversion
Qu'ont pour moi tes pareils; te voilà ma conquête!
Il est des dieux vengeurs. Hélas! je le voudrais,
Répondit le pigeon. O comble des forfaits!
S'écria le milan, quoi! ton audace impie
   Ose douter qu'il soit des dieux?
J'allais te pardonner; mais, pour ce doute affreux.
   Scélérat, je te sacrifie;

FABLE XIX.

LE CHIEN COUPABLE.

Mon frère, sais-tu la nouvelle?
Mouflar, le bon Mouflar, de nos chiens le modèle,
Si redouté des loups, si soumis au berger,
    Mouflar vient, dit-on, de manger
Le petit **agneau** noir, puis la brebis sa mère;
Et puis sur le berger s'est jeté furieux.
    —Serait-il vrai?—Très vrai, mon frère.
    —A qui donc se fier? grands dieux!
C'est ainsi que parlaient deux moutons dans la plaine;
    Et la nouvelle était certaine.
    Mouflar, sur le fait même pris,
    N'attendait plus que le supplice;
Et le fermier voulait qu'une prompte justice
    Effrayât les chiens du pays.
    La procédure en un jour est finie.
Mille témoins pour un déposent l'attentat:
Récolés, confrontés, aucun d'eux ne varie;
Mouflar est convaincu du triple assassinat:
Mouflar recevra donc deux balles dans la tête
    Sur le lieu même du délit.
    A son supplice qui s'apprête
    Toute la ferme se rendit,
Les agneaux de Mouflar demandèrent la grace;
Elle fut refusée. On leur fit prendre place:
    Les chiens se rangèrent près d'eux,
Tristes, humiliés, mornes, l'oreille basse,
Plaignant, sans l'excuser, leur frère malheureux.
Tout le monde attendait dans un profond silence.
Mouflar paraît bientôt, conduit par deux pasteurs
Il arrive; et, levant au ciel ses yeux en pleurs,

Il harangue ainsi l'assistance :

O vous qu'en ce moment je n'ose et je ne puis
Nommer, comme autrefois, mes frères,.mes amis,
 Témoins de mon heure dernière,
Voyez où peut conduire un coupable désir !
De la vertu quinze ans j'ai suivi la carrière,
 Un faux pas m'en a fait sortir.

Apprenez mes forfaits. Au lever de l'aurore,
Seul auprès du grand bois, je gardais le troupeau ;
 Un loup vient, emporte un agneau,
 Et tout en fuyant le dévore.
Je cours, j'atteins le loup, qui, laissant son festin,
 Vient m'attaquer : je le terrasse,
 Et je l'étrangle sur la place.

C'était bien jusque-là : mais, pressé par la faim,
De l'agneau dévoré je regarde le reste,
J'hésite, je balance... A la fin, cependant
 J'y porte une coupable dent :
Voilà de mes malheurs l'origine funeste.
 La brebis vient dans cet instant,
 Elle jette des cris de mère...

La tête m'a tourné, j'ai craint que la brebis
Ne m'accusât d'avoir assassiné son fils ;
 Et, pour la forcer à se taire,
 Je l'égorge dans ma colère.
Le berger accourait armé de son bâton.
 N'espérant plus aucun pardon,
Je me jette sur lui : mais bientôt on m'enchaîne,
 Et me voici prêt à subir
 De mes crimes la juste peine.

Apprenez tous du moins, en me voyant mourir,
 Que la plus légère injustice
Aux forfaits les plus grands peut conduire d'abord ;
 Et que, dans le chemin du vice,
 On est au fond du précipice,
 Dès qu'on met un pied sur le bord.

11

FABLE XX.

L'AUTEUR ET LES SOURIS.

Un auteur se plaignait que ses meilleurs écrits
    Étaient rongés par les souris.
    Il avait beau changer d'armoire,
    Avoir tous les piéges à rats
        Et de bons chats;
   Rien n'y faisait; prose, vers, drame, histoire,
Tout était entamé; les maudites souris
Ne respectaient pas plus un héros et sa gloire,
    Ou le récit d'une victoire,
    Qu'un petit bouquet à Chloris.
Notre homme au désespoir, et, l'on peut bien m'en croire,
Pour y mettre un auteur peu de chose suffit,
Jette un peu d'arsenic au fond de l'écritoire;
    Puis dans sa colère il écrit.
Comme il le prévoyait, les souris grignotèrent,
     Et crevèrent.

C'est bien fait, direz-vous, cet auteur eut raison.
Je suis loin de le croire : il n'est point de volume
    Qu'on n'ait mordu, mauvais ou bon
    Et l'on déshonore sa plume
    En la trempant dans du poison.

FABLE XXI.

L'AIGLE ET LE HIBOU.

A DUCIS.

L'oiseau qui porte le tonnerre
Disgracié, banni du céleste séjour,
Par une cabale de cour,
S'en vint habiter sur la terre :
Il errait dans les bois, songeant à son malheur,
Triste, dégoûté de la vie,
Malade de la maladie
Que laisse après soi la grandeur.
Un vieux hibou, du creux d'un hêtre,
L'entend gémir, se met à sa fenêtre,
Et lui prouve bientôt que la félicité
Consiste dans trois points : Travail, paix et santé.
L'aigle est touché de ce langage :
Mon frère, répond-il, (les aigles sont polis
Lorsqu'ils sont malheureux) que je vous trouve sage !
Combien votre raison, vos excellens avis,
M'inspirent le désir de vous voir davantage,
De vous imiter, si je puis !
Minerve, en vous plaçant sur sa tête divine,
Connaissait bien tout votre prix ;
C'est avec elle, j'imagine,
Que vous en avez tant appris.
Non, répond le hibou, j'ai bien peu de science ;
Mais je sais me suffire, et j'aime le silence,
L'obscurité surtout. Quand je vois des oiseaux
Se disputer entr'eux la force, le courage,
Ou la beauté du chant, ou celle du plumage,
Tu ne me mêle point parmi tant de rivaux,

Et me tiens dans mon ermitage.
Si, malheureusement, le matin, dans le bois,
Quelque étourneau bavard, quelque méchante pie
M'aperçoit, aussitôt leurs glapissantes voix
Appellent de partout une troupe étourdie,
    Qui me poursuit et m'injurie :
Je souffre, je me tais; et, dans ce chamaillis
    Seul, de sang-froid et sans colère,
M'esquivant doucement de taillis en taillis,
Je regagne à la fin ma retraite si chère.
Là, solitaire et libre, oubliant tous mes maux,
Je laisse les soucis, les craintes à la porte;
Voilà tout mon savoir : *Je m'abstiens, je supporte*
    La sagesse est dans ces deux mots.
Tu me l'as dit cent fois, cher Ducis, tes ouvrages,
    Tes beaux vers, tes nombreux succès
Ne sont rien à tes yeux, auprès de cette paix
    Que l'innocence donne aux sages.
Quand, de l'Eschyle anglais heureux imitateur,
    Je te vois, d'une main hardie,
    Porter sur la scène agrandie
Les crimes de Macbeth, de Léar le malheur,
La gloire est un besoin pour ton ame attendrie
Mais elle est un fardeau pour ton sensible cœur.
Seul, au fond d'un désert, au bord d'une onde pure,
Tu ne veux que ta lyre, un saule et la nature :
    Le vain désir d'être oublié
    T'occupe et te charme sans cesse;
    Ah! souffre au moins que l'amitié
    Trompe en ce seul point ta sagesse.

FABLE XXII.

LE POISSON VOLANT.

ᴇʀᴛᴀɪɴ poisson volant, mécontent de son sort
    Disait à sa vieille grand'mère :
    Je ne sais comment je dois faire
    Pour me préserver de la mort.
De nos aigles marins je redoute la serre
    Quand je m'élève dans les airs;
    Et les requins me font la guerre
    Quand je me plonge au fond des mers.
La vieille lui répond : mon enfant, dans ce monde,
    Lorsqu'on n'est pas aigle ou requin,
Il faut tout doucement suivre un petit chemin,
En nageant près de l'air, et volant près de l'onde.

ÉPILOGUE.

C'ᴇsᴛ assez, suspendons ma lyre,
Terminons ici mes travaux :
Sur nos vices, sur nos défauts,
J'aurais encor beaucoup à dire;
Mais un autre le dira mieux.
Malgré ses efforts plus heureux,
L'orgueil, l'intérêt, la folie,
Troubleront toujours l'univers;
Vainement la philosophie
Reproche à l'homme ses travers,
Elle y perd sa prose et ses vers.
Laissons, laissons aller le monde
Comme il lui plaît, comme il l'entend.

Vivons caché, libre et content,
Dans une retraite profonde.
Là, que faut-il pour le bonheur?
La paix, la douce paix du cœur,
Le désir vrai qu'on nous oublie,
Le travail qui sait éloigner
Tous les fléaux de notre vie.
Assez de bien pour en donner,
Et pas assez pour faire envie.

RUTH,

ÉGLOGUE TIRÉE DE L'ÉCRITURE SAINTE

COURONNÉE PAR L'ACADÉMIE FRANÇAISE EN 1784

A. S. A. S. MONSEIGNEUR LE DUC
DE PENTHIÈVRE.

Le plus saint des devoirs, celui qu'en traits de flamme
La nature a gravé dans le fond de notre ame,
C'est de chérir l'objet qui nous donna le jour.
Qu'il est doux à remplir ce précepte d'amour !
Voyez ce faible enfant que le trépas menace ;
Il ne sent plus ses maux quand sa mère l'embrasse ;
Dans l'âge des erreurs, ce jeune homme fougueux
N'a qu'elle pour ami dès qu'il est malheureux :
Ce vieillard qui va perdre un reste de lumière
Retrouve encor des pleurs en parlant de sa mère.
Bienfait du Créateur, qui daigna nous choisir
Pour première vertu notre plus doux plaisir !
Il fit plus : il voulut qu'une amitié si pure
Fût un bien de l'amour comme de la nature,
Et que les nœuds d'hymen, en doublant nos parens
Vinssent multiplier nos plus chers sentimens.
C'est ainsi que, de Ruth récompensant le zèle,
De ce pieux respect Dieu nous donne un modèle.
  Lorsqu'autrefois un juge [1], au nom de l'Éternel

(1) In diebus unius judicis, quandò judices præerant, facta est fames in terra. Abiitque homo de Bethleem Juda, ut peregrinaretur in regione moabitide cum uxore sua ac duobus liberis, etc

Gouvernait dans Maspha les tribus d'Israël
Du coupable Juda Dieu permit la ruine.
Des murs de Bethléem chassés par la famine,
Noémi, son époux, deux fils de leur amour,
Dans les champs de Moab vont fixer leur séjour.
Bientôt de Noémi les fils n'ont plus de père :
Chacun d'eux prit pour femme une jeune étrangère :
Et la mort les frappa. La triste Noémi,
Sans époux, sans enfans, chez un peuple ennemi,
Tourne ses yeux en pleurs vers sa chère patrie,
Et prononce en partant, d'une voix attendrie,
Ces mots qu'elle adressait aux veuves de ses fils :
   Ruth, Orpha, c'en est fait, mes beaux jours sont finis
Je retourne en Juda mourir où je suis née.
Mon Dieu n'a pas voulu bénir votre hymenée :
Que mon Dieu soit béni! Je vous rends votre foi.
Puissiez-vous être un jour plus heureuses que moi
Votre bonheur rendrait ma peine moins amère.
Adieu : n'oubliez pas que je fus votre mère.
   Elle les presse alors sur son cœur palpitant.
Orpha baisse les yeux, et pleure en la quittant.
Ruth demeure avec elle : Ah! laissez-moi vous suivre[1];
Partout où vous vivrez, Ruth près de vous doit vivre.
N'êtes-vous pas ma mère en tout temps, en tout lieu?
Votre peuple est mon peuple, et votre Dieu mon Dieu
La terre où vous mourrez verra finir ma vie;
Ruth dans votre tombeau veut être ensevelie :
Jusque-là vous servir sera mes plus doux soins;
Nous souffrirons ensemble, et nous souffrirons moins.
   Elle dit. C'est en vain que Noémi la presse
De ne point se charger de sa triste vieillesse;
Ruth   toujours si docile à son moindre désir,

---

1. Ne adverseris mihi, ut relinquam te et abeam : quocumque enim
per....... , pergam; et ubi morata fueris, et ego pariter morabor. Populu..
tuus . ....s meus, et Deus tuus Deus meus. Quæ te terra morientem su..
...., m ea moriar, ibique locum accipiam sepulturæ

la première fois refuse d'obéir.

in de Noémi saisit la main tremblante,
guide et soutient sa marche défaillante,
sourit, l'encourage, et quittant ces climats,
l'antique Jacob va chercher les états.

De son peuple chéri Dieu réparait les pertes
No émi de moissons voit les plaines couvertes.
Enfin, s'écria-t-elle en tombant à genoux,
Le bras de l'Éternel ne pèse plus sur nous;
Que ma reconnaissance à ses yeux se déploie!
Voici les premiers pleurs que je donne à la joie.
Vous voyez Bethléem, ma fille : cet ormeau
De la tendre Rachel vous marque le tombeau.
Le front dans la poussière, adorons en silence
Du Dieu de mes aïeux la bonté, la puissance :
C'est ici qu'Abraham parlait à l'Éternel.
Ruth baise avec respect la terre d'Israël.

Bientôt de leur retour la nouvelle est semée.
A peine de ce bruit la ville est informée,
Que tous vers Noémi précipitent leurs pas.
Plus d'un vieillard surpris ne la reconnaît pas :
Quoi [1] ! c'est là Noémi? Non, leur répondit-elle
Ce n'est plus Noémi : ce nom veut dire belle;
J'ai perdu ma beauté, mes fils et mon ami :
Nommez-moi malheureuse, et non pas Noémi.

Dans ce temps, de Juda les nombreuses familles
Recueillaient les épis tombant sous les faucilles :
Ruth veut aller glaner. Le jour à peine luit,
Qu'aux champs du vieux Booz le hasard la conduit;
De Booz dont Juda respecte la sagesse,
Vertueux sans orgueil, indulgent sans faiblesse,
Et qui, des malheureux l'amour et le soutien,

(1) Dicebantque : Hæc est illa Noemi? Quibus ait : Ne vocetis me Noemi
id est pulchram) ; sed vocate me Mara (id est amaram) : quia amaritudine
valdè replevit me Omnipotens. Egressa sum plena ; et vacuam reduxit me
Dominus.

Depuis quatre-vingts ans fait tous les jours du bien.

Ruth[1] suivait dans son champ la dernière glaneuse :
Étrangère et timide, elle se trouve heureuse
De ramasser l'épi qu'une autre a dédaigné.
Booz, qui l'aperçoit, vers elle est entraîné :
Ma fille, lui dit-il, glanez près des javelles;
Les pauvres ont des droits sur des moissons si belles.
Mais vers ces deux palmiers suivez plutôt mes pas,
Venez des moissonneurs partager le repas,
Le maître de ce champ par ma voix vous l'ordonne;
'e n'est que pour donner que le Seigneur nous donne.
dit : Ruth à genoux de pleurs baigne sa main.
ᴄe vieillard la conduit au champêtre festin.
Les moissonneurs, charmés de ses traits, de sa grace
Veulent qu'au milieu d'eux elle prenne sa place,
De leur pain, de leurs mets lui donnent la moitié :
Et Ruth, riche des dons que lui fait l'amitié,
Songeant que Noémi languit dans la misère,
Pleure, et garde son pain pour en nourrir sa mère[2].
Bientôt elle se lève, et retourne aux sillons.
Booz parle à celui qui veillait aux moissons :
Fais tomber, lui dit-il, les épis autour d'elle,
Et prends garde surtout que rien ne te décèle :
Il faut que sans te voir elle pense glaner,
Tandis que par nos soins elle va moissonner.
Épargne à sa pudeur trop de reconnaissance
Et gardons le secret de notre bienfaisance.
Le zélé serviteur se presse d'obéir :
Partout aux yeux de Ruth un épi vient s'offrir;
Elle porte ses biens vers le toit solitaire

(1) Et colligebat spicas post terga metentium... Et ait Booz ad Ruth Audi, filia; ne vadas in alterum agrum ad colligendum... Si sitieris, vade ad reinulas, et bibe aquas de quibus et pueri bibunt.

(2) Sedit itaque ad messorum latus, et congessit polentam sibi, comedit que, et tulit reliquias; atque inde surrexit, ut spicas ex more colligeret Præcepit autem Booz pueris suis, dicens... De vestris manipulis projicite d industria, et remanere permittite, ut absque rubore colligat.

Où Noémi cachait ses pleurs et sa misère.
Elle arrive en chantant : Bénissons le Seigneur,
Dit-elle ; de Booz il a touché le cœur.
A glaner dans son champ ce vieillard m'encourage ;
Il dit que sa moisson du pauvre est l'héritage.
De son travail[1] alors elle montre le fruit.
Oui, lui dit Noémi, l'Éternel vous conduit :
Il veut votre bonheur, n'en doutez point, ma fille.
Le vertueux Booz est de notre famille ;
Et nos lois... Je ne puis vous expliquer ces mots,
Mais retournez demain dans le champ de Booz :
Il vous demandera quel sang vous a fait naître ;
Répondez : Noémi vous le fera connaître ;
La veuve de son fils embrasse vos genoux.
Tous mes desseins alors seront connus de vous.
Je n'en puis dire plus : soyez sûre d'avance
Que le sage Booz respecte l'innocence ;
Et que vous voir heureuse est mon plus cher désir[2] ;
Ruth embrasse sa mère, et promet d'obéir.
Bientôt un doux sommeil vient fermer sa paupière.

 Le soleil n'avait pas commencé sa carrière,
Que Ruth est dans le champ. Les moissonneurs lassés
Dormaient près des épis autour d'eux dispersés :
Le jour commence à naître ; aucun ne se réveille
Mais, aux premiers rayons de l'aurore vermeille,
Parmi ses serviteurs Ruth reconnaît Booz.
D'un paisible sommeil il goûtait le repos ;
Des gerbes soutenaient sa tête vénérable.
Ruth s'arrête : O vieillard, soutien du misérable,
Que l'ange du Seigneur garde tes cheveux blancs !
Dieu pour se faire aimer doit prolonger tes ans.
Quelle sérénité se peint sur ton visage !

---

 (1) Portans reversa est, et ostendit socrui suæ : et dedit ei de reliquiis cibi sui, etc.

 (2) Filia mea, quæram tibi requiem et providebo ut benè sit tibi Booz iste propinquus noster est, etc.

Comme ton cœur est pur, ton front est sans nuage.
Tu dors, et tu parais méditer des bienfaits :
Un songe t'offre-t-il les heureux que tu fais?
Ah! s'il parle de moi, de ma tendresse extrême,
Crois-le ; ce songe, hélas! est la vérité même.
    Le vieillard se réveille à des accens si doux.
Pardonnez, lui dit Ruth, j'osais prier pour vous;
Mes vœux étaient dictés par la reconnaissance :
Chérir son bienfaiteur ne peut être une offense
Un sentiment si pur doit-il se réprimer?
Non, ma mère me dit que je puis vous aimer.
De Noémi dans moi reconnaissez la fille :
Est-il vrai que Booz soit de notre famille?
Mon cœur et Noémi me l'assurent tous deux.
    O ciel! répond Booz, ô jour trois fois heureux!
Vous êtes cette Ruth, cette aimable étrangère
Qui laissa son pays et ses dieux pour sa mère!
Je suis de votre sang; et, selon notre loi,
Votre époux doit trouver un successeur en moi.
Mais puis-je réclamer ce noble et saint usage?
Je crains que mes vieux ans n'effarouchent votre âge :
Au mien l'on aime encor, près de vous je le sens;
Mais peut-on jamais plaire avec des cheveux blancs?
Dissipez la frayeur dont mon ame est saisie.
Moïse ordonne en vain le bonheur de ma vie;
Si je suis heureux seul, ce n'est plus un bonheur.
    Ah! que ne lisez-vous dans le fond de mon cœur!
Lui dit Ruth; vous verriez que la loi de ma mère
Me devient en ce jour et plus douce et plus chère.
La rougeur, à ces mots, augmente ses attraits.
Booz tombe à ses pieds : Je vous donne à jamais
Et ma main et ma foi : le plus saint hyménée
Aujourd'hui va m'unir à votre destinée.
A cette fête, hélas! nous n'aurons pas l'amour;
Mais l'amitié suffit pour en faire un beau jour.
Et vous, Dieu de Jacob, seul maître de ma vie

Je ne me plaindrai point qu'elle me soit ravie;
Je ne veux que le temps et l'espoir, ô mon Dieu
De laisser Ruth heureuse, en lui disant adieu.

Ruth le conduit alors dans les bras de sa mère.
Tous trois à l'Éternel adressent leur prière;
Et le plus saint des nœuds en ce jour les unit.
Juda s'en glorifie : et Dieu, qui les bénit,
Aux désirs de Booz permet que tout réponde.
Belle comme Rachel, comme Lia féconde,
Son épouse eut un fils [1]; et cet enfant si beau
Des bienfaits du Seigneur est un gage nouveau :
C'est l'aïeul de David. Noémi le caresse;
Elle ne peut quitter ce fils de sa tendresse,
Et dit, en le montrant sur son sein endormi :
Vous pouvez maintenant m'appeler Noémi.

De ma sensible Ruth, prince, acceptez l'hommage.
Il a fallu monter jusques au premier âge
Pour trouver un mortel qu'on pût vous comparer.
En honorant Booz, j'ai cru vous honorer :
Vous avez sa vertu, sa douce bienfaisance;
Vous moissonnez aussi pour nourrir l'indigence :
Pieux comme Booz, austere avec douceur.
Vous aimez les humains, et craignez le Seigneur.
Hélas! un seul soutien manque à votre famille :
Vous n'épousez pas Ruth; mais vous l'avez pour fill

a) Tulit itaque Booz Ruth, et accepit uxorem... et dedit illi Dominus u
conciperet et pareret filium. Susceptumque Noemi puerum posuit in sinu
uo, et nutricis ac gerulæ fungebatur officio

FIN.

TOBIE,

POEME

TIRÉ DE L'ÉCRITURE SAINTE.

———◦———

A MESDEMOISELLES DE L. B. ET D. D.

AGÉES DE NEUF A DIX ANS.

O vous, qui de cet âge où l'on sort de l'enfance
Conservez seulement la grace et l'innocence,
Dont le précoce esprit, empressé de savoir,
Croit gagner un plaisir s'il apprend un devoir,
De Tobie écoutez l'antique et sainte histoire !
Dans ce simple récit point d'amour, point de gloire :
C'est un juste, un bon père, un cœur pur, bienfaisant,
Qui n'aime que son Dieu, les humains, son enfant.
Ah ! ces vertus pour vous ne sont point étrangères,
Lisez, lisez Tobie à côté de vos mères.

   A Ninive autrefois, quand les tribus en pleurs
Expiaient dans les fers leurs coupables erreurs,
Il fut un juste encore : il avait nom Tobie.
Consacrant à son Dieu chaque instant de sa vie,
Vieillard, malheureux, pauvre, il n'en donnait pas moins
Aux pauvres des secours, aux malheureux des soins [1].
A travers les dangers, par des routes secrètes,

---

(1) Tobias quotidie pergebat per omnem cognationem suam, et consola
batur eos, dividebatque unicuique, prout poterat, de facultatibus su :
esurientes alebat, nudisque vestimenta præbebat, etc.

De ses frères captifs parcourant les retraites,
Il consolait la veuve, adoptait l'orphelin;
Le cri d'un opprimé réglait seul son chemin;
Et lorsque ses amis, effrayés de son zèle,
Lui présageaient du roi la vengeance cruelle[1],
Je crains Dieu, disait-il, encor plus que le roi,
Et les infortunés me sont plus chers que moi.
  Un jour[2], après avoir, pendant la nuit obscure,
A des morts délaissés donné la sépulture
De travail épuisé, de fatigue abattu,
Sa force ne pouvant suffire à sa vertu,
Le vieillard lentement au pied d'un mur se traîne.
Il dormait, quand l'oiseau que le printemps ramène,
Du nid qu'il a construit au-dessus de ce mur,
Fait tomber sur ses yeux un excrément impur:
A Tobie aussitôt la lumière est ravie.
Sans se plaindre, adorant la main qui le châtie,
O Dieu, s'écria-t-il, tu daignes m'éprouver!
Je n'en murmure point, tu frappes pour sauver:
Mes yeux, mes tristes yeux, privés de la lumière,
Ne pourront plus au ciel précéder ma prière;
Vers le pauvre avec peine, hélas! j'arriverai;
Je ne le verrai plus, mais je le bénirai.
  Ses amis cependant, sa famille, sa femme,
Loin d'émousser les traits qui déchiraient son ame,
De porter sur ses maux le baume précieux
De la compassion, seul bien des malheureux,
Viennent lui reprocher jusqu'à sa bienfaisance[3];
Où donc, lui disent-ils, est cette récompense
Qu'aux vertus, à l'aumône, accorde le Seigneur?

(1) Arguebant autem eum omnes proximi ejus, dicentes: Jam hujus re, causâ interfici jussus es... Sed Tobias, plus timens Deum quàm regem, etc.

(2) Contigit autem ut, quâdam die, fatigatus à sepulturâ, jactasset se juxta parietem. et obdormisset, ex nido hirundinum dormienti illi callida stercora inciderent super oculos ejus, fieretque cæcus.

(3) Irridebant vitam ejus, dicentes: Ubi est spes tua, pro quâ eleemosynas et sepulturas faciebas?

Le vieillard ne répond qu'en leur montrant son cœur
Mais ce cœur, accablé de ces cruels reproches,
Fort contre le malheur, faible contre ses proches,
Désire le trépas, et le demande au ciel :
Sa prière monta jusques à l'Éternel :
L'ange du Dieu vivant descendit sur la terre.
   Le vieillard, se croyant au bout de sa carrière,
Fait appeler son fils, son fils qui, jeune encor,
De l'aimable innocence a gardé le trésor,
Comme un autre Joseph nourri dans l'esclavage,
Et semblable à Joseph de mœurs et de visage,
Possédant sa beauté, sa grace et sa pudeur ;
Tobie, en l'embrassant, lui dit avec douceur :
Mon fils, la mort dans peu va te ravir ton père :
De ton respect pour moi fais hériter ta mère [1] ;
Celle qui t'a nourri, qui t'a donné le jour,
Pour de si grands bienfaits ne veut qu'un peu d'amour
Quel plaisir est plus doux qu'un devoir de tendresse ?
Honore le Seigneur, marche dans sa sagesse ;
Que surtout l'indigent trouve en toi son appui [2],
Partage tes habits et ton pain avec lui ;
Reçois entre tes bras l'orphelin qui t'implore ;
Riche, donne beaucoup ; et pauvre, donne encore :
Ce précepte, mon fils, contient toute la loi.
Je dois en ce moment confier à ta foi
Qu'à Gabélus jadis, sur sa simple promesse,
Je laissai dix talens, mon unique richesse :
Va toi-même à Ragès pour les redemander.
Vers ce lointain pays quelqu'un peut te guider ;
Cherche dans nos tribus un conducteur fidèle
Dont nous reconnaîtrons et la peine et le zèle.

(1) Honorem habebis matri tuæ omnibus diebus vitæ ejus : memor enim esse debes quæ et quanta pericula passa sit propter te in utero suo.

(2) Panem tuum cum esurientibus comede , et de vestimentis tuis nudos tege. Si multùm tibi fuerit, abundanter tribue; si exiguum tibi fuerit, etiam exiguum libenter impertiri stude.

Il dit. Son fils le quitte et court vers sa tribu.
Devant lui se présente un jeune homme inconnu,
Dont la taille, les traits, la grace plus qu'humaine
Dès le premier abord et l'attire et l'enchaine ;
Ses yeux doux et brillans, sa touchante beauté,
Son front où la noblesse est jointe à la bonté,
Tout plaît, tout charme en lui par un pouvoir suprême
    C'était l'ange du ciel envoyé par Dieu même,
Qui venait de Tobie assurer le bonheur.
    L'ange s'offre à servir de guide au voyageur :
Il le suit chez son père, et le vieillard en larmes
Ne lui déguise point ses soupçons, ses alarmes ;
Long-temps il l'interroge ; et lui tendant les bras :
De mes craintes, dit-il, ne vous offensez pas ;
Vieux, souffrant, et privé de la clarté céleste,
Mon enfant, de la vie, est tout ce qui me reste :
La frayeur est permise à qui n'a plus qu'un bien.
De mon dernier trésor je vous fais le gardien.
Ah ! vous me le rendrez ; mon ame satisfaite
Éprouve en vous parlant une douceur secrète ;
Je ne sais quelle voix me dit au fond du cœur
Que vous serez conduit par l'ange du Seigneur.
O mon fils ! pour adieu reçois ce doux présage.
Le jeune homme l'embrasse et s'apprête au voyage ;
Il presse, en gémissant, sa mère sur son sein.
Bientôt, guidé par l'ange, il se met en chemin ;
Mais trois fois il s'arrête, et trois fois renouvelle
Ses adieux et ses cris ; alors le chien fidèle [1],
Seul ami demeuré dans la triste maison,
Court, et du voyageur devient le compagnon.
    Ils marchent tout le jour dans ces plaines fécondes
Où le Tigre en courroux précipite ses ondes.
Arrêté sur ses bords pour prendre du repos,
Tobie, en se lavant dans ses rapides eaux,

_____

(1) Profectus est Tobias ; et canis secutus est cum ; etc.

Découvre un monstre affreux dont la gueule béante
Lui fait jeter un cri d'horreur et d'épouvante.
L'ange accourt : Saisissez, lui dit-il, sans frémir,
Ce monstre qu'à vos pieds vous allez voir mourir.
Prenez son fiel sanglant[1], il vous est nécessaire;
Le temps vous apprendra ce qu'il en faudra faire.
Le jeune Hébreu, surpris, obéit à l'instant;
Il partage le corps du monstre palpitant,
Et réserve le fiel; sur une flamme pure
Le reste préparé devient sa nourriture.
    Cependant de Ragès, au bout de quelques jours,
Les voyageurs charmés aperçoivent les tours.
L'ange, avant d'arriver aux portes de la ville :
De Gabélus, dit-il, ne cherchons point l'asile;
Dès long-temps Gabélus a quitté ces climats.
Chez un autre que lui je vais guider vos pas;
Le riche Raguel, neveu de votre père,
A pour fille Sara, son unique héritière.
Son plus proche parent doit seul la posséder :
La loi l'ordonne ainsi, venez la demander.
Interdit à ces mots, le docte Tobie
Lui répond : O mon frère! à vous seul je confie[2]
Des malheurs de Sara ce qu'on m'a rapporté :
Tout Israël connaît sa vertu, sa beauté;
Mais déjà sept époux, briguant son hyménée
Ont dès le même soir fini leur destinée.
Que deviendra mon père, hélas! si je péris?
Ne craignez rien, dit l'ange, et suivez mes avis
Ivres d'un fol amour que le Seigneur condamne,
Les amans de Sara brûlaient d'un feu profane.

---

(1) Exentera hunc piscem, et cor ejus, et fel... Quod cùm fecisset, (1) . l
arnes ejus, et secum tulerunt in viâ.

(2) Audio quia tradita est septem viris, et mortui sunt.. Timeo ne forte
et mihi hæc eveniant; et cùm sim unicus parentibus meis, deponam senee
tutem illorum cum tristitiâ ad inferos. Tunc angelus dixit ei : Illi qui eo in
jum ita suscipiunt, et Deum à se et à suâ mente excludant, et suæ libi dini
te vacent, etc. . Habet potestatem dæmonium super eos. Tu autem, etc

Ils en furent punis : mais vous, mon frère, vous,
Que la loi de Moïse a nommé son époux,
Dont le cœur aux vertus formé dès votre enfance,
Épurera l'amour par la chaste innocence,
Vous obtiendrez Sara sans irriter le ciel.

En prononçant ces mots ils sont chez Raguel.
Tous deux, les yeux baissés, demandent à l'entrée
Cette hospitalité des Hébreux révérée.
Raguel, à leur voix empressé d'accourir,
Rend grace aux voyageurs qui l'ont daigné choisir :
Mais, fixant sur l'un d'eux une vue attentive,
Il reconnaît les traits du vieillard de Ninive ;
Quelques pleurs aussitôt s'échappent de ses yeux.
Seriez-vous, leur dit-il, du nombre des Hébreux
Que le vainqueur retient dans les champs d'Assyrie ?
Oui, répond l'ange.—Ainsi vous connaissez Tobie [1] ?
—Qui de nous a souffert et ne le connaît pas ?
—Ah ! parlez : avons-nous à pleurer son trépas ?
Ou le Seigneur, touché de nos longues misères,
L'a-t-il laissé vivant pour exemple à nos frères ?
Il respire, dit l'ange, et vous voyez son fils.
—O jour trois fois heureux ! Enfant que je bénis,
Viens, accours dans mon sein ; que Raguel embrasse
Le digne rejeton d'une si sainte race !
Ton père soixante ans fut notre unique appui ;
Viens jouir, ô mon fils, de notre amour pour lui.

Il appelle aussitôt son épouse et sa fille,
Annonce son bonheur à toute sa famille,
Et veut que d'un bélier immolé par sa main
Aux hôtes qu'il reçoit on prépare un festin.
On obéit. Tobie, assis près de son guide,
Sur la belle Sara porte un regard timide :

---

(1) Dixitque illis Raguel : Nostis Tobiam fratrem meum ? Qui dixerunt :
Novimus... Et misit se Raguel, et cum lacrymis osculatus est eum, et plorans
supra collum ejus, dixit : Benedictio sit tibi, fili mi, quia boni et optimi viri
filius es... Et præcepit Raguel occidi arietem et parari convivium.

Il rencontre ses yeux : aussitôt la pudeur
Couvre son jeune front d'une aimable rougeur.
Il s'enhardit pourtant; et d'une voix émue :
O Raguel! dit-il, notre loi t'est connue;
Tu sais qu'elle prescrit des nœuds encor plus doux
Aux liens que le sang a formés entre nous;
Je réclame la loi, je suis de ta famille :
Au fils de ton ami daigne accorder ta fille.
Mes seuls titres, hélas! pour obtenir sa foi,
Sont le nom de mon père et mon respect pour toi!
 Le vieillard, à ces mots, sent naître ses alarmes [1].
Il élève au Seigneur des yeux remplis de larmes;
Son épouse et sa fille, en se pressant la main,
'nt caché toutes deux leur tête dans leur sein.
Mais l'ange les rassure, et sa douce éloquence
Dans leur cœur pas à pas fait entrer l'espérance;
Il les plaint, les console, et de leur souvenir
Bannit les maux passés par les biens à venir.
Raguel, entraîné, cède au pouvoir suprême
De ce jeune inconnu qu'il révère et qu'il aime.
Il unit les époux au nom de l'Éternel;
Les bénit en tremblant, les recommande au ciel
Et, pendant le festin, sa timide allégresse
Voile quelques instans sa profonde tristesse.
 Le repas achevé, dans leur appartement
Les deux nouveaux époux sont conduits lentement.
A genoux aussitôt, le front dans la poussière [2],
Ils élèvent au ciel leur touchante prière :
Dieu puissant, disent-ils, qui daignas de tes mains
Former une compagne au premier des humains,

---

(1) Quo audito verbo, Raguel expavit, sciens quid evenerit septem vi.•
Et dixit angelus : Noli timere... etc. Et apprehendens dexteram filiæ suæ
dexteræ Tobiæ tradidit... etc.

(2) Instanter orabant ambo simul... Domine Deus patrum nostrorum..
fecisti Adam de limo terræ, dedistique ei adjutorium Hevam...

Afin de consoler sa prochaine misère
Par le doux nom d'époux et par celui de père,
Nous ne prétendons point à ce bonheur parfait
Qui pour le cœur de l'homme, hélas! ne fut point fait
Mais donne-nous l'amour des devoirs qu'il faut suivre:
La vertu pour souffrir, la tendresse pour vivre,
Des héritiers nombreux dignes de te chérir,
Et des jours innocens passés à te servir.
    Dans ces devoirs pieux la nuit s'écoule entière.
Dès que le chant du coq annonce la lumière,
Raguel, son épouse, accourent tout tremblans,
N'osant pas espérer d'embrasser leurs enfans:
Ils les trouvent tous deux dans un sommeil tranquille.
De festons aussitôt ils parent leur asile,
Font ruisseler le sang des taureaux immolés,
Et retiennent dix jours leurs amis rassemblés.
    L'ange, pendant ce temps, au fond de la Médie
Allait redemander le dépôt de Tobie.
Gabélus le lui rend; et l'ange de retour,
Au milieu des plaisirs, de l'hymen, de l'amour,
Retrouve son ami pensif et solitaire,
Soupirant en secret de l'absence d'un père.
Partons, lui dit Tobie, ô mon cher bienfaiteur!
Être heureux loin de lui pèse trop sur mon cœur
Parmi tant de festins, au sein de l'opulence,
Je ne vois que mon père en proie à l'indigence:
Hâtons-nous, hâtons-nous d'aller le secourir;
Obtiens de Raguel qu'il nous laisse partir.
Il est père; aisément son ame doit comprendre
Ce qu'un fils doit d'amour au père le plus tendre.
    Il dit. L'ange aussitôt va trouver Raguel;
Il le fait consentir à ce départ cruel.
Le malheureux vieillard les conjure, les presse
De revenir un jour consoler sa vieillesse:
Tobie en fait serment; et bientôt les chameaux
Les esclaves nombreux, les mugissans troupeaux,

Qui de la jeune épouse ont été le partage,
Vers la terre d'Assur commencent leur voyage.
L'ange, présent partout, guide les conducteurs.
Sara, le front voilé, cachant ainsi ses pleurs,
Assise sur le dos d'un puissant dromadaire,
Soupire et tend de loin ses deux bras à sa mère;
Son époux la soutient sur son sein palpitant;
Et le fidèle chien marche en les précédant.

    Hélas! il était temps que le jeune Tobie[1]
son malheureux père allât rendre la vie.
Depuis qu'il est parti, ce vieillard désolé,
Comptant de son retour le moment écoulé,
Se traînait chaque jour aux portes de Ninive.
Son épouse guidait sa démarche tardive.
Le vieillard restait seul, assis sur le chemin;
Vers chaque voyageur il étendait la main:
Le voyageur passait; et Tobie en silence,
Pour la reperdre encore, attendait l'espérance.
Sa femme, gravissant sur les monts d'alentour,
Cherchait au loin des yeux l'objet de son amour,
Pleurait de ne point voir cet enfant qu'elle adore
Et suspendait ses pleurs pour le chercher encore.

    Mais ce fils approchait; accusant ses lenteurs,
Il laisse ses troupeaux aux soins de leurs pasteurs,
Les précède avec l'ange; et sa mère attentive[2]
L'aperçoit tout à coup accourant vers Ninive.
Elle vole aussitôt, craint d'arriver trop tard;

---

(1) Cùm verò moras faceret Tobias causâ nuptiarum, sollicitus erat pater ejus Tobiæ. Cœpit autem contristari nimis ipse, et Anna uxor ejus eo; et cœperunt ambo simul flere, eò quòd die statuto minimè reverteretur filius eorum ad eos... etc. Mater quotidie exsiliens, circumspiciebat et circuibat vias omnes per quas spes remeandi videbatur, ut procul videret eum, i fieri posset, venientem.

(2) Et dùm ex eodem loco specularetur adventum ejus, vidit à longè, et ilicò agnovit venientem filium suum; currensque... etc. Tunc præocucurrit canis qui simul fuerat in via; et, quasi nuncius adveniens, blandimento caudæ um gaudebat. Et consurgens cæcus pater ejus, cœpit offendens pedibus currere, et, datâ manu puero, occurrit obviàm filio suo.

POEME

Mais le chien, plus prompt qu'elle, est auprès du vieillard
Il reconnaît son maître, il jappe, il le caresse,
Exprime par ses cris sa joie et sa tendresse.
Le malheureux aveugle, à ces cris qu'il entend,
Juge que c'est son fils que le Seigneur lui rend:
Il se lève, et d'un pas chancelant et rapide,
Marchant les bras ouverts, sans soutien et sans guide:
O mon fils! criait-il, c'est toi, c'est toi... Soudain
Le jeune homme, en pleurant, s'élance dans son sein:
Le vieillard le reçoit, et le serre, et le presse
D'un long embrassement il savoure l'ivresse;
Au défaut de ses yeux, sa paternelle main
S'assure d'un bonheur qu'il croit trop peu certain.
La mère arrive alors, palpitante, éperdue,
Réclamant à grands cris une si chère vue;
Les larmes du bonheur coulent de tous les yeux;
Et l'ange, en les voyant, se croit encore aux cieux.

  Après ces doux transports, l'ange dit à son frère
De toucher du vieillard la tremblante paupière
Avec le fiel du monstre immolé par ses mains.
Le jeune homme obéit à ces ordres divins,
Et Tobie aussitôt voit la clarté céleste.
Gloire à toi, cria-t-il, Dieu puissant que j'atteste.
J'avais péché long-temps, et long-temps je souffris;
Mais je revois enfin et le ciel et mon fils!
O mon Dieu! je rends grace à ta bonté propice:
Oui, ta miséricorde a passé ta justice.

  Il dit; et de Sara les serviteurs nombreux,
Les troupeaux, les trésors, viennent frapper ses yeux
La modeste Sara descend, lui fait hommage
De ces biens devenus désormais son partage,
Lui demande à genoux d'aimer et de bénir

---

(1) Tunc sumens Tobias de felle piscis, linivit oculos patris sui .. Statim
risum recepit, et glorificabant Deum .. Dicebatque Tobias: Benedico te
Domine... quia   castigasti me... Et ecce ego video Tobiam filium
meum

L'épouse qu'à son fils le ciel voulut unir.

Le vieillard étonné la relève, l'embrasse;

Il admire ses traits, sa jeunesse, sa grace,

Et, s'appuyant sur elle, écoute le récit

De ce qu'a fait son Dieu pour l'enfant qu'il chérit.

Mais, ajoute ce fils, vous voyez dans mon frère[1]

Mon soutien, mon sauveur, mon ange tutélaire,

Il a guidé mes pas; il défendit mes jours;

C'est de lui que je tiens l'objet de mes amours;

Lui seul vous fait revoir la céleste lumière;

Il m'a donné ma femme et m'a rendu mon père:

Hélas!.que peut pour lui notre vive amitié?

Des trésors de Sara donnons-lui la moitié:

Qu'en recevant ce don sa bonté nous honore;

S'il daigne l'accepter, il nous oblige encore.

    Aux pieds de l'ange alors, le père avec le fils,

Rougissant tous les deux d'offrir ce faible prix,

Le pressent de choisir dans toute leur richesse.

L'ange, les regardant, sourit avec tendresse:

Ne vous offensez pas, dit-il, de mes refus;

Gardez, gardez vos biens, et surtout vos vertus;

Elles vous ont valu le secours de Dieu même.

Je suis l'ange envoyé par ce Dieu qui vous aime[2]:

Il voulut acquitter ces bienfaits si nombreux

Répandus, prodigués à tant de malheureux.

Vos aumônes, vos dons, ô vieillard charitable

Tout, jusqu'au simple vœu d'aimer un misérable,

Fut écrit dans le ciel; Dieu conserve en ses mains,

Comme un dépôt sacré, le bien fait aux humains.

---

(1) Me duxit et reduxit sanum... uxorem ipse me habere fecit... me ipsum. a devoratione piscis eripuit, te quoque videre fecit lumen cœli... Quid illi ad hæc poterimus dignum dare? Sed peto, pater mi, ut roges eum si forte dignabitur medietatem de omnibus quæ allata sunt sibi assumere.

(2) Ego enim sum Raphaël angelus, unus ex septem qui adstamus ante Dominum... Bona est oratio cum jejunio et eleemosyna... quoniam eleemosyna à morte liberat... et facit invenire misericordiam... etc. Tempus est ergo ut revertar ad eum qui me misit... etc.

Il vous rend ces trésors, mais pour le même usage ;
Au pauvre, à l'indigent faites-en le partage
Donnez pour amasser auprès de l'Éternel ;
Vivez long-temps heureux, moi je retourne au ciel.

FIN.

A M. DE FLORIAN,

qui m'a donné un exemplaire de ses Fables

De tes fables intéressantes,
J'ai lu l'agréable recueil.
En dépit des leçons touchantes
Qu'offre tes peintures piquantes,
D'un juste et pardonnable orgueil.
Déjà je respirais les vapeurs enivrantes,
Et je ne voyais que ses fleurs séduisantes,
Qui me cachaient l'écueil.
Je me souviens alors, grâce à mon bon génie,
De cette rare modestie
Qui prête à tes talens un charme si flatteur.
Ne pouvant égaler l'ingénieux auteur,
Je saurais l'imiter dans sa vertu chérie.
Crois-moi, l'unique sentiment,
Qu'en-moi fait naître un si joli présent
C'est la reconnaissance.
La froide vanité ne flatte que l'esprit,
Plus sage, plus heureux, mon cœur cherche et chérit
Une plus douce jouissance.
Au fin et délicat conteur
Qui fait si bien parler la tendre tourterelle,
Et le lapin et la sarcelle,
Et le berger et Philomèle,
Le philosophe et le fermier penseur,
Présenter une fable
Est un projet peu raisonnable.
Tu n'as pas, je le sais, besoin de mon encens;
C'est à Vénus donner une ceinture,
A nos forêts de la verdure,
Et des fleurs au printemps.
De ma Muse indiscrète excusant le délire,
A ses efforts daigne sourire.
Si le désir d'être agréé
Suffit seul pour se faire lire,
Je crois mon succès assuré.

HÉRIVAUX.

TABLE ALPHABETIQUE

DES FABLES.

FIN DE LA TABLE.

Limoges — Typ. F. F. Ardant Frères.

www.ingramcontent.com/pod-product-compliance
Lightning Source LLC
Chambersburg PA
CBHW070353090426
42733CB00009B/1402

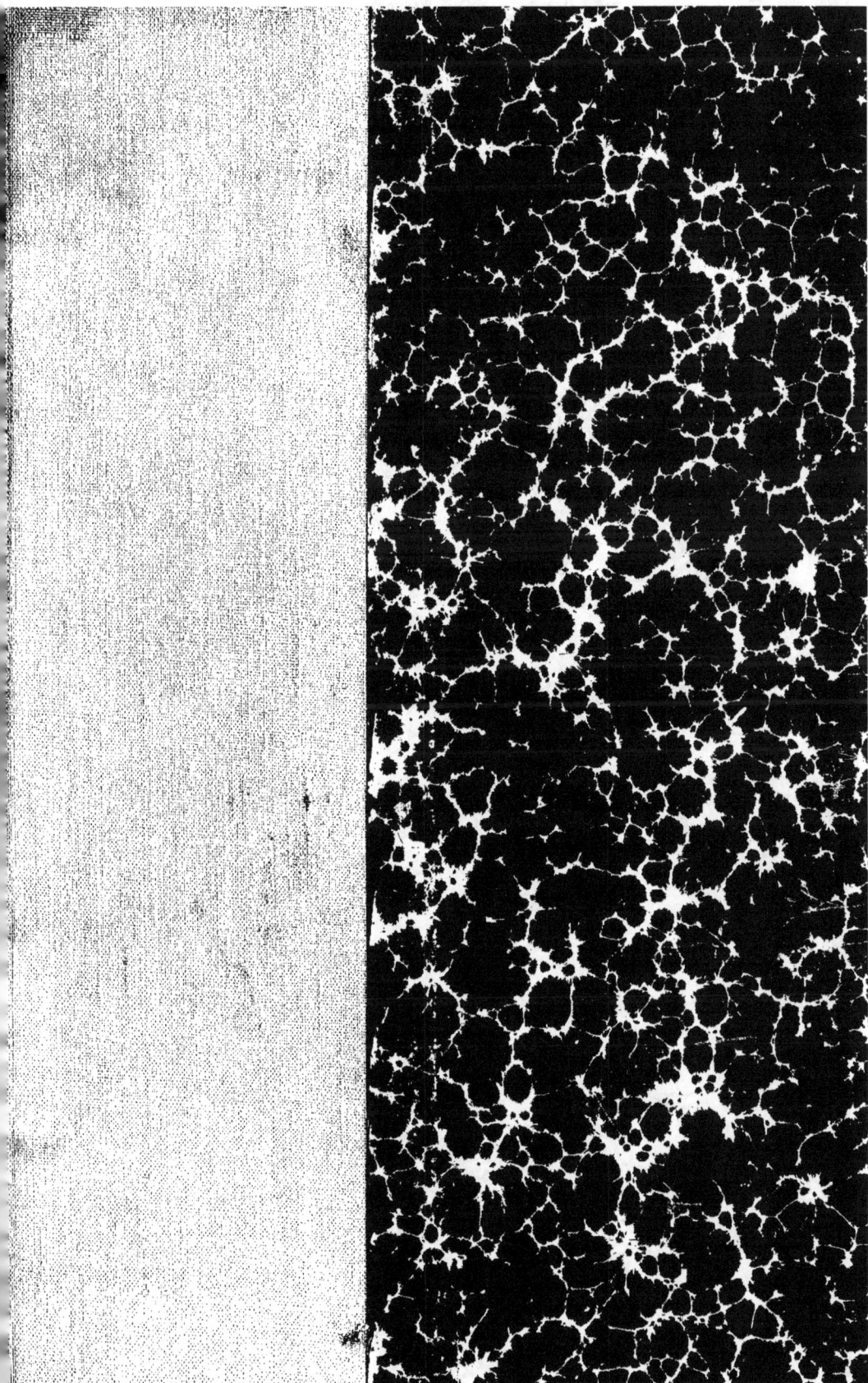

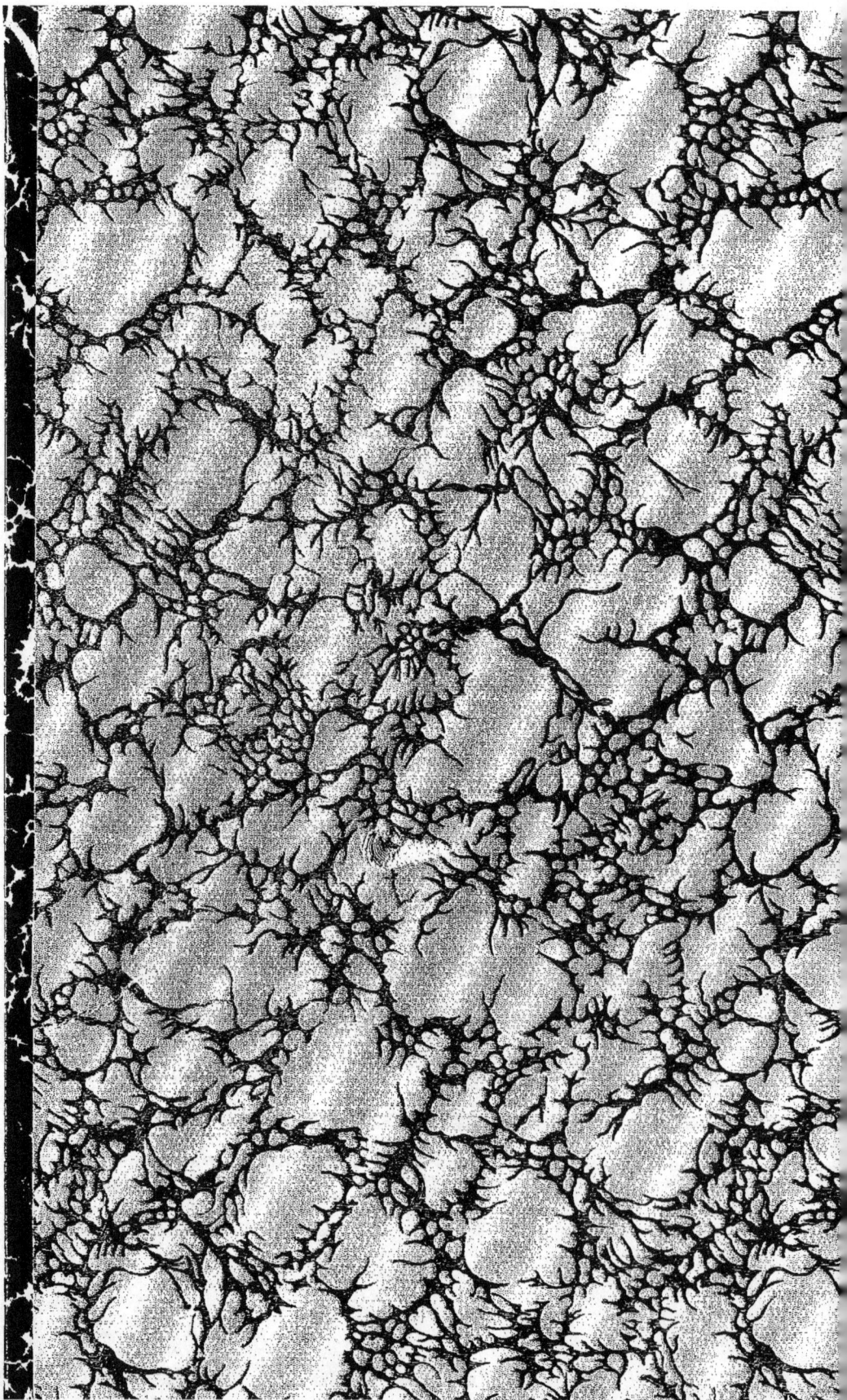

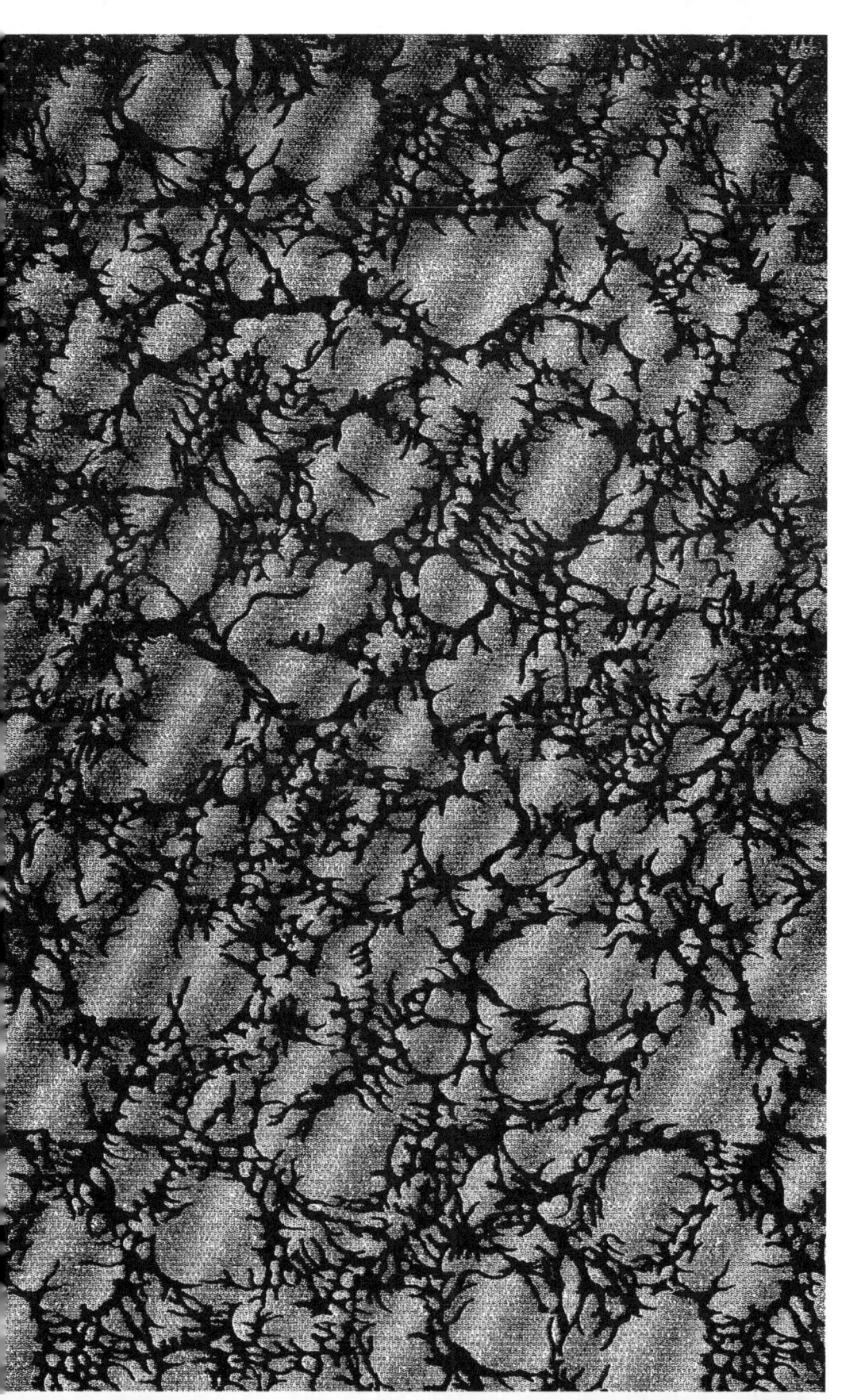

1. Partie
2e Volume

A. Traband

1876

Fragment offert à l'Académie par l'auteur, posant sa Considération à l'Académie des Inscriptions et Belles-Lettres

le titre devait être : Esthétique et Archéologie

88721

ARCHÉOLOGIE

PEUPLES PRIMITIFS & COLONS

EGYPT-ETHIOPIE, ASSOUR-PHÉNICIE

LA GRÈCE, ROME & LES ÉTRUSQUES.

ARCHÉOLOGIE

THÉORIE ET PRATIQUE

~~~~~~~~~~~

UELQUES personnes se demanderont comment cette étude, qui vise moins au style qu'à la patiente élaboration, devient la suite de la précédente (1) ; comment la recherche des faits peut se combiner avec l'appréciation des produits les plus ingénieux, et elles ne tarderont pas à reconnaître que, de tout temps, ce procédé fut familier à ceux qui eurent le soin de réfléchir ou la faiblesse d'écrire.

---

(1) *Esthétique*, 1ᵉʳ vol.

Différents sujets se présentent avec une attraction marquée,
et quand j'ai allié l'archéologie à l'esthétique, j'ai moins cédé à
la fantaisie qu'au mode le plus favorable pour fournir des fruits
abondants et savoureux ; procédant des idées générales issues de
la méditation et de la lecture pour arriver aux idées particulières
plus nombreuses, explicatives des premières, qui constitueront
toujours la base fondamentale du domaine scientifique.

Cette méthode a été reconnue celle des meilleurs esprits, auxquels j'ai emprunté une notable part de mes connaissances, et
l'histoire nous rapporte, par exemple, que l'athénien Philostrate
ne dut le succès de ses conférences sur l'art qu'en exposant la
vérité des faits jointe à la critique.

Il en résulte pour tous l'obligation d'observer, de penser et
d'écrire décemment, bien que les mots importent moins que les
idées, et c'est le propre des ouvrages pensés. Ceux qui observent
avec justesse, remarquez-les au milieu des Sociétés savantes,
sont aussi utiles que ceux qui apprennent abondamment.

L'archéologie, vaste science dont l'étendue peut excéder nos
forces, est le recueil des opinions et des travaux sur les témoignages, les reliques du passé. Qu'ils prennent les proportions
d'un monument ou d'un objet tangible, imagé, ils se recom-
mandent à l'estime des laborieux investigateurs qui, ayant le
culte de l'archaïque, se passionnent pour la vérité qu'ils cher-
chent pieusement dans l'histoire, « cette œuvre faite pour
l'éternité (1). » Et celle-ci n'a pas de base plus impartiale que
l'archéologie, consacrée le plus souvent à la tradition des arts,

---

(1) Thucydide.

quelquefois applicable à l'enchaînement des choses humaines ; car, chaque type, tout caractère est le réel progrès des idées qui l'ont devancée. La sympathie qu'elle a excitée se remarque surtout aux siècles de réveil, alors que l'humanité éprouve un juste besoin de connaître le vrai, le bien et le beau. « Les belles souvenances du passé sont l'exemple de l'avenir. » Le mouvement est significatif au XVIe siècle, marqué au XVIIe, encore plus étendu au suivant. L'imitation de l'antique et l'anthropologie entrevue n'auraient-elles pas, dans une mesure relative, conduit les Français, *rerum novarum cupidi*, à la commotion révolutionnaire?

De notre temps, cette étude s'est assez généralisée pour que le monde ait compris les avantages des connaissances esthétiques basées sur les révélations du passé et les comparaisons auxquelles il est permis de se livrer ; l'attraction qu'elle inspire vient de ce qu'elle nourrit l'esprit, éveille l'imagination, purifie le goût et excite une curiosité dont l'homme ne se lasse point. Ses ressources abondent tellement qu'elle enseigne l'art, la géographie, les mœurs, le langage, servant l'application du droit, même celle de l'économie politique (1) ; elle est comme le tronc puissant d'un arbre séculaire dont les rameaux s'étendent au loin.

Quels services inappréciables ont rendu la science des religions et la théorie des langages comparés pour la filiation des races et celle des idiomes (2) !

---

(1) Dureau de Lamalle.

(2) Max. Muller, Renier, Burnouf.

Qui nous apprendrait la loi des chrétiens catéchumènes timides ou opprimés, si ce n'est la sépulcrologie et la descente aux cryptes et catacombes (1)?

Qui nous livrerait les caractères, les usages domestiques des anciens, sans le rapprochement de certaines intonations vocales, sans la découverte des manuscrits, encore plus, des villes enfouies (2)?

Pour ma part, je remercie Dieu de m'y avoir appliqué ; dès lors, j'ai pénétré à travers la voie des mondes que j'ignorais, de cet infini qui étonne et charme à la fois entre la réflexion et la prière. Je n'y épargne point la peine : « Comme je ne souffre pas, les journées ne sont pas longues, elles me paraissent trop courtes. » L'étude a le privilège d'enchérir la valeur inappréciable du temps.

Science conjecturale, a-t-on dit, quand elle contrarie le parti pris. Quelques moqueurs lui infligeraient volontiers le mot de Fontenelle à la théologie : « Cette science où il faut déjà tant de savoir pour déraisonner. » Ce n'est pas celle des positivistes, parce qu'elle exerce le jugement tout en laissant une part essentielle à l'interprétation ; elle s'adresse aux observateurs qui, ayant médité toute leur vie, finissent par voir clair aux ténèbres et tirer du néant le récit des actions humaines. Il y a donc des ténèbres historiques et nos hommages sont dus à cette patiente et courageuse étude qui, pareille au rayon pénétrant la chambre noire, produit la lumière. Patiente, en effet, puisqu'elle

---

(1) Bosio, Perret, Rossi.
(2) Fiorelli.

embrasse le passé et nous lie, en raison de notre laborieuse assiduité, avec les générations éteintes; courageuse, en ce sens que les fervents sont exposés à tous les dangers de l'exploration lointaine; elle est stérile, ont ajouté les esprits les plus superficiels, et les exemples abondent en découvertes incessantes. Quel exemple plus saisissant que la découverte de cette Étrurie voisine, au point de vue des principes, des mœurs, des aptitudes, des influences sur le monde romain; de la Crimée encore et du Bosphore cimmérien? Tout au plus, science trompeuse, si l'explorateur s'empresse de conclure avant d'être éclairé; car une première opinion fausse et propagée devient difficile à déraciner.

Chez nous, le mouvement datant du retour royaliste et communal, parti de la Normandie, 1815, se traduit par l'excellente *Revue Archéologique*, 1844 ; il aurait été devancé par l'Angleterre en 1767 (1) et 1825 (2).

L'archéologie, ne traitant que des choses anciennes justement vénérées, aura la place d'honneur; chaque jour plus répandue, elle a pris faveur dans le courant des méditations attrayantes, marchant de pair avec la philosophie, que l'utilité ou la mode se plaît à perpétuer. Chez les étrangers réfléchis, elle semble dériver des fortes études helléniques, cultivées par les jeunes gens arrivés à la virilité. Ne voyons-nous pas les journaux anglo-saxons, aux articles *littérature*, *sciences et arts*, la placer avant les autres parties? N'est-il pas avéré que la mission

(1) *Anglo-Norman antiquities.*
(2) *Specimens of the architectural antiquities of Normandy.*

des représentants à l'étranger consisterait dans les saines appréciations ethnologiques ; que nos directeurs de musées devraient voyager pour consigner une foule de détails qui leur échappent?

La science des découvertes est un auxiliaire puissant pour la révélation des faits physiques et naturels, quand il s'agit de déterminer les origines du monde, des espèces connues, de la composition du globe. Elle n'est pas évidemment mathématique; mais elle devient mère, crée sans rien imposer, procède de faits toujours appréciables, permet l'induction et finit, comme toute proposition émanant de l'intelligence et du jugement, par former un vaste code où les générations successives puisent les matériaux qui servent de solides fondements à l'histoire ; car, celle-ci, trop livrée aux passions et à l'esprit de parti, est loin d'être ce qu'on croit, l'expression écrite de la vérité. Les erreurs qui procèdent de la légèreté ou de la fantaisie chez quelques écrivains, peuvent avoir des conséquences d'autant plus regrettables qu'elles tendraient à se perpétuer.

TENDANCE ET PROGRÈS.

’HISTOIRE, cette fille insoumise, n'est point ce qu'on pense, elle devrait être comme le tribunal de l'universelle justice. Aimez l'archéologie, craignez l'histoire! Examinez les tendances, les variantes de l'ère contemporaine, théories et systèmes, et vous trouverez le même fait dénaturé ou déguisé en cent manières. Si recommandables que paraissent les traités d'Hérodote, de Polybe, n'est-il pas permis de croire que leur religion aura quelquefois été surprise (1)? Combien moins susceptible la recherche archéologique; combien plus illustre le patronage à elle accordé! Patronage facilité dans les temps anciens par l'alliance de l'art et de la philosophie (Périclès, Aristote); dans les nouveaux par celle de l'art et de la politique (chute du Moyen-âge,

---

(1) TACITE : « Maxima quæque ambigua sunt. »

2

ère moderne). Vérité déjà reconnue sous Auguste : « Toi, on t'appelle un homme de goût, un fin connaisseur en fait d'antiquités (1). »

Il faut rendre hommage à Laurent de Médicis, comme fondateur, pour avoir établi à Florence un enseignement populaire sur les monuments.

En France, les Congrès de la Société française, des académiciens à l'état indépendant ou officiel, des directeurs de musées, quelques amateurs clairsemés soutiennent le poids de l'entreprise. Les écoles instituées à Rome et en dernier lieu à Athènes, pour favoriser la peinture et la sculpture, ont peut-être remis en honneur la respectable tendance.

Nous ne sommes venus en cette affaire (2) qu'après les Allemands et les Anglais, qui par leurs collections libres résument le goût du vieux style et la passion des traditions monumentales; tous les deux prouvent une vie intellectuelle supérieure quand ils publient de nombreux livres imagés pour les classifications, ou qu'au dire des libraires ils achètent les plus riches, les plus rares éditions. Ils viennent de créer le roman, même le tableau archéologique.

Les Italiens, les Danois, les Russes (3), les gouvernements grec et égyptien, paraissent donner une louable impulsion; il

---

(1) HORACE : « At ipse, subtilis veterum judex et callidus audis. »

(2) Honorables exceptions : d'Agincourt, d'Anville, d'Abbâdie, Casaubon, Caumont, Commarmont, de Luynes, Millin, Mariette, Theil, Walkenaer et les contemporains.

(3) Muratori, Gronovius, Kühn, Rich, Schlegel, Drakenborch, Hageman, Bonstetten, etc.

aurait appartenu à la France de se montrer plus uniformément protectrice. L'excès administratif et l'éducation routinière nous attardent en cette circonstance comme en plusieurs autres, bien qu'on tende depuis peu, par un zèle emprunté, à mettre de l'archéologie partout. — Il est vrai que nous avons des conservateurs, comme s'il suffisait de conserver ; il faudrait s'enquérir, payer et meubler : ce qui tient plus à l'esprit public qu'à messieurs les conservateurs, à cette heure, savants honnêtes et dévoués. Je fais pourtant une distinction entre les profanes et les ecclésiastiques ; ceux-ci montrent assez d'empressement pour les théories qui intéressent les origines de la religion, et n'ont pour défaut qu'une partialité quelque peu nuisible aux données rigoureuses de l'histoire ; c'est pour cela que les Sociétés savantes se forment difficilement et sans indépendance.

Je ne trouve nulle part le zèle uni au patriotisme, atteignant le suprême degré comme en Angleterre. De là, partent des savants, quelquefois des ignorants, tous passionnés pour ravir et importer ; là se groupent rapidement de riches, d'honorables Sociétés (1). Les musées y seront bientôt l'image du monde, tous les moyens étant employés en vue de la métropole et pour la diffusion des connaissances populaires.

La direction de Kensington (2), par exemple, fonde une bibliothèque, et par une lettre courtoise s'adresse aux directeurs étrangers pour obtenir livres, livrets, copies de manuscrits

---

(1) *British archœological Association*, *Cambrian archœological Society*, et autres.

(2) Londres.

imprimés dans l'étendue de leur ressort, en offrant de solder
les frais.

Toutes ces considérations m'ont conduit à publier des études
dont le but va jusqu'à régler les primitives expansions, soulever
la terre vierge des Indiens, remuer le sol romain, gallo-romain,
énumérer les mythes gréco-latins. Je voudrais faire aimer la
France moderne en expliquant l'ancienne, pour combattre
l'indolence stérile des provinciaux et la suffisance personnelle des
gouvernants ; car ceux-ci, retranchés dans leur capitale, ne dai-
gnent pas s'écarter des sentiers battus pour contempler certaines
splendeurs monumentales, et négligent même les objets tantôt
bizarres, tantôt gracieux, qui auraient meublé le plus riche
musée du monde. Si chaque province, dont l'influence sur les
mœurs égale celle d'un petit royaume, avait eu la facilité de
vivre de sa propre vie, ses particularités auraient singulièrement
captivé l'attention nationale.

La France manque de résolution, parfois de sagesse. Ses
institutions fausses ou faussées l'affaiblissent journellement ; et il
ne serait pas difficile de montrer que l'archéologie commence à
être soupçonnée, parce que nos voisins du Nord s'appliquent
depuis deux générations à cette étude d'autant plus honorée chez
eux que la tradition est en honneur et qu'on n'y observe pas
cette espèce de coupure, de précipice, nommé la révolution.

On parle comme topique de la Révolution française ; oui, si
on espère qu'elle se fera !

Qui osera parler de la conversion morale à accomplir ?

Ah ! ce langage rapporte peu ; il est comme une valeur de
mince profit.

Les sciences mathématiques, les naturelles, peuvent sans inconvénient excessif être démontrées sur un point ; mais l'esthétique, l'archéologie, affaires de localité, dominées par un tel régime, risqueraient fort de dégénérer en codes de convention.

Connaît-on le mal occasionné par la centralisation?

Aidée de la routine et des coteries, elle a la force de tuer un peuple. Cette maladie, on devrait la publier à son de trompe et la combattre efficacement.

Malheureux provinciaux, chercheurs indépendants retenus hors du centre politique! Ils sont placés vis-à-vis des officiels comme des travailleurs industrieux à côté de fonctionnaires ou de rentiers retraités. Que Paris retienne la caisse qui solde les armées ayant pour but l'intégrité du territoire; qu'il absorbe les produits de la terre pour se nourrir, les produits laineux et cotonniers pour se vêtir, les ouvriers qui conviennent à ses délicates industries, les agents de ses rêves financiers; mais qu'il enlève à la France une part de ses souvenirs afin d'attirer la monnaie des touristes et de supprimer au loin les hommes d'études, c'est inexplicable! Après la rapine, la désertion; puis tout un monde malade aux départements! Habiter Paris équivaut pour certaines gens à un brevet d'importance, au point qu'elles peuvent écrire sur les provinces sans les visiter ou en les traversant à la façon des trains rapides. Il faut remarquer, en outre, que la maladie administrative exerce un despotisme tel qu'on s'occupe plus des provinces voisines de Paris et du Nord français que des autres, alors que celles-ci présenteraient un intérêt généralement supérieur. L'organisation des archives départementales et communales est trop récente pour être jugée (1).

Passons une fois de plus sur ces tristes réalités et espérons nous racheter par un avenir meilleur ; il en a trop coûté de mettre à découvert nos faiblesses de caractère et d'organisation sociale. Je demande excuse et je redis bien haut : on ne marchera sans les membres déliés, qu'avec l'éternel moteur de toutes choses, la liberté.

Quant à ce travail, il n'est pas de commande, encore moins de pièces et de morceaux empruntés ; venu successivement sous la plume d'un esprit réfléchi, tenace, désintéressé, il se peut qu'il instruise, impossible qu'il amuse. Néanmoins, écrivons humblement, puisqu'il est utile et honnête d'écrire : « Nul ne peut travailler honnêtement pour lui-même, sans travailler utilement pour le monde (2). »

Quelle que soit la destinée d'un livre (3) où la critique est rapprochée de l'antiquité, les plus heureuses combinaisons du goût s'harmonisent aisément avec la froide et sévère nomenclature des faits accomplis ; d'où, le bénéfice des images gravées, non pour marquer selon l'ordinaire la légèreté du fond, mais pour tempérer la sécheresse du récit.

A quoi peuvent servir des dissertations sur des sujets connus? A répandre une certaine clarté sur l'inconnu, à prouver que la vie d'un homme est parfois appliquée ; qu'alors même qu'il n'a

(1) Décret de 1853, dû à l'initiative de M. de Persigny.
(2) Bastiat.
(3) « Habent sua fata ! »

opéré nulles découvertes, il laisse avec abnégation complète ses
impressions, double témoignage de son amour de l'étude et de
celui bien plus persistant encore, de la patrie.

PEUPLES PRIMITIFS & COLONS

OUR arriver à la connaissance de nos premiers parents, la voie la plus sûre est de parcourir le vieux monde dès le principe. Le devoir n'est pas seulement de procéder à l'anatomie des faits ou des souvenirs, mais de scruter la philosophie du passé afin d'obtenir la chaîne non interrompue des traditions.

La méthode critique et impartiale sera notre plus fidèle auxiliaire ; tendre vers un but, c'est marcher résolûment contre les piéges de l'ignorance ; autrement, sans but, la vie est stérile et l'homme une existence animale improductive, inconsciente, méconnaissant la loi de Dieu.

3

Étude comparative et expérimentale souverainement fructueuse : Comment le monde s'est-il formé? Les sciences théologiques et naturelles nous l'enseignent. Par quelles successions a-t-il passé de l'état sauvage à l'état barbare? Au moyen des tempéraments énergiques, des patientes industries. Comment a-t-il progressé vers la civilisation? Par le respect religieux, la culture intellectuelle.

Le tout est, sans contredit, l'affaire des archéologues dont la mission est vaste et exigeante. Nous sommes donc retranché sur notre propre terrain. Tenons-nous y franchement, sans parti pris, sans empiétement sur le domaine des politiques qui sont censés régler, au moyen des lois, les destinées des peuples.

L'homme est créé; il se répand en raison de ses besoins et de ses satisfactions, à moins d'admettre la théorie qu'il n'est qu'une dégénérescence ou un produit amélioré de certaines espèces animales; ce qui modifie l'idée primordiale de notre existence et nullement celle de nos appétits. Que la création soit multiple ou unipersonnelle, c'est une série d'opinions variables et un avantage secondaire, si ce n'est pour l'Écriture Sainte contrariée ou respectée.

Malgré l'obscurité de la question ou les théorèmes de l'exégèse biblique, on peut convenir que si l'origine animale inspirait une véritable répulsion aux théologiens, elle offrait une singulière attraction aux naturalistes, qui, pour sortir du doute et simplifier l'ensemble des causes, proclament le centre intertropical comme le berceau de l'humanité, patrie habituelle de l'homme des bois, l'asiatique orang *(Pithecus satyrus)*, et l'africain troglodyte *(Troglodytes niger et gorilla)*. Il est vrai qu'un orang fossile des Pyrénées *(Dryopithecus Fontanæ)* se rapproche plus de l'homme que le gorille (1). Ne pas confondre toutefois ces quadrumanes avec les nains dont parle Hérodote et qu'un voyageur allemand, Schweinfurth, a décrits. On assure que Miani aurait envoyé en Italie deux troglodytes humains d'Akka.

Il faut enfin compter avec l'anthropologie américaine, qui prétend à des origines autochtones et avec le darwinisme, doctrine assez contestée.

L'évolution constante de la terre n'est que la conséquence de son passé, et cela aussi bien pour le règne organique que pour le règne inorganique. — Thèse des géologues poursuivant l'étude de la paléontologie (2).

La science des formations graduées, dans ses justes exigences, nous demande si l'homme est antédiluvien. — Question posée et péniblement résolue (3).

Les squelettes renfermés aux lits calcaires de la Beauce, aux basses terres de Péronne, au milieu des débris jurassiques, Baux-Rouges, près Menton, paraissent antédiluviens ; mais on ne s'accorde plus sur le *diluvium*. On y comprend aussi le crâne de Néanderthal, comme caractéristique de l'homme primitif proprement dit, avec son sommet aplati et l'arcade oculaire massive ; c'est, d'ailleurs, l'opinion la plus sérieusement soutenue, que

---

(1) C. Vogt : *Microcéphales ou hommes-singes.*

(2) D'Archiac.

(3) Huxley, Darwin et sir John Lubbock.

l'homme primitif, pour ressembler au singe, ne serait pas de race simienne.

Je crains seulement que les accessoires des squelettes : armes, poinçons, bouts de flèches, lames de lances, quoique ébauchés, non polis, au lieu de fortifier, ne servent qu'à atténuer l'opinion. Ces instruments, d'un usage grossier dans la vie nomade ou sédentaire, ne seraient-ils pas les précurseurs des symboliques Keltes? Ces colliers de coquillages troués et enfilés (1) ne sont-ils pas le principe des colliers de verre ou de métal si usités dans l'ère suivante? On objecte qu'il n'y a nulle trace de poterie et de bronze, ce qui démontre l'ancienneté. Pourtant, il me semble impossible de prouver la vie ternaire qui est mieux caractérisée dans certaines cavernes par la présence de nombreux ossements d'animaux que l'on croit antérieurs à l'homme, tels que l'ours, l'hyène, le renard, la chèvre, les cerfs et des restes d'oiseaux, l'aigle de grande taille (2). Ces mystères s'effaceront un jour devant les progrès de la géologie comparée.

L'espèce humaine aurait donc respiré à l'époque quaternaire, peut-être tertiaire, et aurait passé, au milieu d'une nature volcanique ignée, du miocène au pliocène, en compagnie des monstres disparus et des végétaux déplacés depuis le bouleversement de notre planète (3). Cette période d'égale et universelle chaleur est un principe sujet à épuisement, dont le terme correspondant

(1) *Limax agrestis*, plus rarement *Helix pomatia*, déposé au tombeau comme l'huître ou autre coquille vide, signification du dernier banquet.

(2) *Falco*.

(3) Hamy : *Paléontologie humaine*.

sera le général refroidissement, qu'on peut considérer comme le mode le plus scientifique de fin du monde.

Telle n'est pas la donnée biblique qui, en contradiction avec les érudits de ce siècle, n'assure point à l'homme une antiquité excessivement reculée. La Bible, d'ailleurs, au dire de certains ecclésiastiques, ne constitue pas une chronologie.

L'usage n'en subsiste pas moins de déterminer les premières phases, dites de la pierre, par les squelettes des animaux qui avaient vécu avec l'homme ancien aux terramares (1).

On ne saurait méconnaître les cosmogonies et la cosmographie.

Cosmogonies : création successive ou exposé des systèmes : Genèse, théogonie d'Hésiode, Védas, le poème sanscrit de l'anachorète Valmiki, Eddas Scandinaves; celles des philosophes, de Platon, de Sanchoniaton, de Berose, de Buffon, etc.

Cosmographie : description de l'univers visible ; le *Cosmos* de Humboldt est un haut traité de cosmologie.

Quelle fut l'importance du cataclysme diluvien, son étendue sur la sphère, son influence minéralogique? Autant de difficiles questions.

On sait que Théophraste écrivit deux livres sur les pierres et les corps organiques changés en pierre (2) ; qu'au XIII⁰ siècle, Albert le Grand ; au XVI⁰, Mercati, parlent de bois pétrifiés, de pierres de foudre ; qu'aujourd'hui, Heer, Unger,

---

(1) V. fin du § III : Etrusques. Terramares du Reggianais et autres.

(2) J'ai remarqué des ammonites et des encrinites conformes aux collines ou mamelons qui les portaient.

quelques Américains, formulent des opinions personnelles sur la fossilisation. On sait les causes des bois opalisés d'Antigoa et silicifiés de la Nubie, de la résine fossile, ambre jaune ou succin.

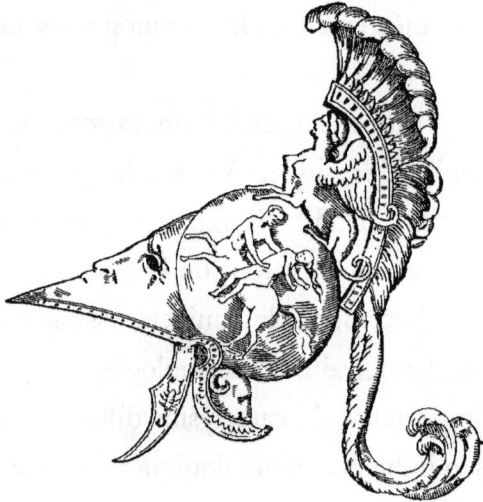

LES DEUX HÉMISPHÈRES.

~~~~~~~~~

A vie a-t-elle commencé séparément sur un hémisphère ou à la fois sur les deux ; sous la ligne intertropicale d'un ou de plusieurs continents, ou bien encore sous l'équateur américain seul, comme le veulent les exclusifs ? Thèses des plus tenaces qui prétendent à la doctrine de l'isolement et à la qualité d'aborigènes, dès la création.

Ces derniers se fondent sur ce principe que la théogonie des indigènes du centre américain n'est point une imitation asiatique ; qu'elle est innée, presque identique, parce que le fond humain est le même partout ; ajoutant que l'homme, aux premières lueurs de sa venue, aspirant à de nouvelles régions chaudes, n'avait pas les moyens de pénétrer en Asie, soit par l'Océan, soit par le mince détroit hyperboréen, en passant d'un continent à l'autre, peu vêtu et mal approvisionné. La seule considération favorable à une création multiple et contemporaine serait l'élévation de température à l'époque volcanique, alors que les végétaux, les animaux mêmes des tropiques existaient aux approches des pôles terrestres.

Cette dernière assertion m'a toujours paru avantageuse dans l'une et l'autre thèse ; elle nous viendrait régulièrement en aide pour expliquer la création divine spontanée ou dérivée, isolée ou multiple en un ou plusieurs continents, si la preuve scientifique se généralisait.

Les parages intertropicaux de l'équateur étaient parfaitement propres à l'éclosion embryogénique et encore plus au développement de la fragile humanité, sous une zone chaude qui permet, avant la poursuite des animaux, de vivre des sucs faiblement substantiels de la végétation, et, à la rigueur, sans vêtements de plantes textiles. Je crois peu toutefois à la création multiple, bien que tout démontre jusqu'à l'évidence, par les monuments, encore plus par les pierres taillées, que le centre américain habité remonte à une antiquité indéfinie. Boucher de Perthes écrit judicieusement : « Les silex taillés sont nos premiers trophées, nos premières médailles. » Il faudrait ajouter que la pierre dure est recherchée, afin qu'elle ne s'altère. Ces pierres ne pouvant s'user, se recouvrent, comme les médailles, d'une patine qui indique alors une époque très reculée. Mais les reliques mexicaines et péruviennes, conformes à nos primitives, quel que soit l'âge qu'on leur assigne, sont bornées à une phase néolithique.

Les probabilités sont que les premiers voyagèrent tant sur la droite que sur la gauche, procédant par latitudes et qu'ils fréquentèrent insensiblement les deux hémisphères (vieux style), l'ancien et le nouveau monde, ne connaissant d'autres luttes que celles contre les grands carnassiers (1), déposant partout les vestiges de leurs cultes et de leurs mœurs.

En ce cas, on pourrait user de la méthode *préhistorique*, qui place l'homme dans une période de générale chaleur facilitant les migrations d'un hémisphère à l'autre, même par les régions polaires (2).

Cette opinion, si elle était plus soutenue, il faudrait l'adopter ; car, autrement, certaines populations postdiluviennes auraient habité un continent nouvellement découvert, plus jeune que l'autre de quelques milliers d'années.

J'ai toujours pensé que cette grave question de la création sur un hémisphère, à l'exclusion de l'autre, ne pouvait être traitée qu'en se dégageant des mesquines passions. En cette matière, comme en politique, le mot de Franklin demeure une vérité. Il faut être « plus qu'un citoyen, mais un homme, » pour émettre une impartiale opinion. Et si je parviens à formuler une croyance personnelle, c'est que je me dégage des conditions ordinaires de nationalité, prenant pour guide mes propres sentiments, sans parti pris, sans arrière-pensée.

Je n'accorde la priorité au continent asiatique qu'en raison des preuves que semblent manifester la configuration du sol, les révolutions des hommes, mieux encore, les races types originaires.

La tradition, qui aura toujours une solennelle valeur, ne peut

(1) LUCRÈCE : « Arma antiqua manus, dentes unguesque fuerunt. »
(2) Voir page 32 : du *Préhistorisme*.

comme moyen, être mise de côté. L'homme, créé aux terres chaudes de l'ancien monde, aurait, dans la période terno-quaternaire, passé facilement sur le nouveau, d'autant plus que la solution de continuité n'existait pas encore, ou bien aurait abordé dans la période postdiluvienne, c'est-à-dire à une époque relativement peu éloignée de la nôtre et plus éloignée de la création, avec les faibles moyens d'existence à sa portée.

Les preuves en seraient fournies, au dire des antiquaires américains, par les débris trouvés sous les villes enfouies, comme ces alcarazas des plus vieux tumulus de l'Arkansas.

On a donné pour raison de l'égale ancienneté des hémisphères les similitudes architectoniques et céramiques. Dans la Nouvelle-Grenade, centre équatorial de facile existence, les poteries offrent les rayures et les hachures phéni-germaniques; et pour pénétrer plus avant, ce mot hachure (1) ne serait-il pas dérivé de hache, lequel est kelte de forme et d'intention? Enfin, les rapprochements vont jusqu'à confondre ces poteries équatoriales avec nos informes et naïves gauloises. Les mêmes figures lunaires sont marquées sur la panse, avec cette différence qu'au Mexique, au Nicaragua et au Pérou archi-historiques (2), indépendamment des vases à figures, beaucoup revêtent la forme humaine grotesque, mais bien caractérisée. Serait-ce un raffinement ou une dépravation du goût?

— Visiter les collections mexico-péruviennes pour constater

---

(1) Proposition d'autant plus sérieuse que le rapport des deux noms existerait dans les langues indiennes.

(2) Collections du British-Museum et du Louvre.

ces ressemblances avec l'art des Indous et le Celte-gall ou même le Phéni-cypriote.

— Remarquer que les collections péruviennes présentent des formes et des dessins plus réussis que les mexicaines (1).

Cette prétendue universelle instantanéité de formes modelées et ornées, est constatée chez tous les peuples ; ainsi, des haches et ciseaux en pierre *(donnerkeile)* ont été récemment découverts à Acora, côte occidentale d'Afrique. Les explorateurs de la Polynésie rapportent que l'île de Pâques (Waïhu ou Rapanaï) apparaît avec tous les mystères du monde antédiluvien. Sans compter les hommes de douze pieds et les femmes de dix pieds, entrevus ou imaginés par les navigateurs de 1700, le merveilleux semble avoir frappé les yeux de Cook et de La Peyrouse. Mais si les géants ont disparu, ceux-ci ont constaté des réalités, des analogies, comme les colosses lapidaires qui sont décrits et désignés par les noms des princes et des héros auxquels ils étaient consacrés, Mango-toto et Hoa-Kaka-Nana. La figure de celui-ci, dont le nom est péruvien par les deux premiers termes et bengalique par le dernier rappelant Nana-Sahib le cruel, est à Londres.

Outre ces pierres gigantesques, l'île offre un grand nombre de figures en bois, des peintures murales, des façons de hiéro-glyphes. L'infatigable Markham conjecture que les monuments sont en rapport intime avec les débris de la culture qu'offre encore le lac péruvien de Titi-Cac. Notez, ce qui n'est pas indif-férent, que Pasche-Eyland est l'île la plus volcanique dans les

(1) British-Muscum.

solitudes de l'Océan, affinité ou sympathie des Polynésiens primitifs pour le monde du chaos ou d'une période ternaire-humaine.

Et encore, que de vastes régions de notre globe à explorer ! Nous constatons les analogies naturelles mythiques de l'île de Pâques et de certains groupes voisins avec la côte péruvienne et occidentale. Les analogies diminuent et se modifient à mesure qu'on s'écarte de la côte et qu'on avance vers les centres malais. Mais si on voyage en Nouvelle-Zélande ou en Nouvelle-Calédonie, de nouveaux rapprochements s'opèrent avec les îles de l'archipel indien, et le rapport s'explique encore. Qui n'a vu, en estampe du moins, les roches d'Otuiti (Davies Island) taillées grossièrement en figures ?

Donc, toujours cette conviction que la civilisation du fétichisme ouvré s'est fait jour par les côtes des continents ; de là, aux îles les plus proches.

D'autres s'appuyent, non sans raison, sur l'étude des squelettes (1), surtout celle des crânes (craniologie), qui comprend les systèmes de comparaison et de mensuration, dont le plus ingénieux appartient à Wirchow et Welker. La confrontation des crânes ne permet pas d'exagérer l'ancienneté des couches humaines, et conduit à cette donnée scientifique que le défaut d'harmonie, entaché d'exiguité, marque essentiellement le *préhistorisme* : les préhistoriques n'étant pas ceux que l'histoire passe sous silence, mais ceux qu'elle ne fera jamais connaître.

---

(1) Rapport des Esquimaux avec les hommes des cavernes du Périgord ; du squelette de Menton avec la race libyenne.

Le colonel Lane Fox soumet à la Société Anthropologique, à propos de ses remarquables collections, une méthode nouvelle : la classification sociologique, comme préférable à la géographique.

A l'âge du fer, les hommes sont de taille élevée, à tête *dolichocéphale*, très allongée d'avant en arrière, en opposition aux *brachycéphales* (1) ; tandis qu'à l'âge suivant, l'harmonie des formes se montre comme aux beaux crânes trouvés dans l'Amérique du Nord.

Par les sauvages des Amériques, principalement par ceux du Nord, détail précieux à ne point négliger, les premiers explorateurs apprirent de quelle manière les primitifs avaient obtenu les variétés brillantes des éclats (silex, jade, quartzite), ces couteaux et flèches, même ces nombreux poids dont quelques-uns avaient servi à moudre les grains. C'était en se servant de bois dur ou en martelant sur le silex brut, pour faire sauter les éclats (2).

— Rapprocher les objets d'Amérique de ceux de notre hémisphère, âge de bronze et de cuivre, à l'exception du fer qui n'était pas ou plus employé en 1492.

J'aime mieux, pour les conclusions, le principe des phases religieuses que celui de l'usage simplement naturel de la pierre et du bronze ; et pour juger une phase religieuse ou toute existence antérieure, j'observe les habitats même grossiers ; je recommande, de plus, la philologie, ce radieux phare tournant des mystères humains. Sous ces deux rapports, notre monde paraît le plus

---

(1) De Quatrefages.

(2) Hernandez et Torquemada fournissent des renseignements pris chez les Mexicains.

ancien ; car les cavernes troglodytiques sont assez nombreuses
où la poterie fut inconnue, où l'usage du silex éclaté et du bois
de renne, de cerf même sculpté était maintenu après avoir assisté
à la fuite du mammoth, du grand cerf, du rhinocéros. — La
Gaule-France en contient plus de trois cents. MM. Lartet et
Christy prouvent une vie sociale lente, mais progressive, avant
le dernier grand mouvement des mers, par la découverte d'un
ivoire de mammoth avec une gravure reproduisant l'animal, des
palmes de renne avec figures de rennes, d'aurochs, etc.

Quant à nos langues, elles ont une énergie phonique incom-
parable à celle des Indo-Américains.

Au point de vue de l'idolâtrie, on pourrait faire un travail qui
serait en quelque sorte l'appendice de celui que nous présentons
pour les vases tournés ou pétris. Ainsi : les dolmens, les vastes
tumulus, les statues taillées dans le roc et celles·taillées dans les
arbres. Pour ces dernières, les Indiens du N.-O. de l'Amérique
septentrionale laissent encore voir quelques spécimens qui ne
sont que les immenses troncs de leurs pins, les plus plantureux
du globe (Seh-quo-yah).

Cette phase, qu'on peut placer au lendemain du déluge, doit
être considérée comme le principe de la locomotion humaine et
d'une universelle tendresse condamnée à une courte durée.

INDO-ASIE.

~~~~~~~~~~~

Ɛɪ l'on accepte ma thèse de la création Asie-Centrale (1) et du double mouvement à droite et à gauche, on acceptera cette conséquence logique de la rencontre du symbolisme sur le sol australien, en admettant les arcs de cercle qui ont longé les continents indo-asiatique et américain pour rentrer par les archipels polynésiens.

Il est impossible de nier les affinités des temples indo-brahmaniques et boudhiques avec les mexico-péruviens et celles de ces derniers avec les polynésiens ; puis, la corrélation, quelque minime qu'elle soit, de tous avec l'Europe centrale, Kelte et Galle. Enfin, nul n'ignore que la pyramide, cette forme des équilibristes ingénus, a été pratiquée chez tous les aborigènes à la même époque.

(1) MICHELET : « La matrice du monde. »

Tout cela suppose que le monde remonte à une antiquité considérable, sans prouver que la création a été multiple ou unipersonnelle sur un ou deux hémisphères, à plus forte raison antédiluvienne. De plus, pour admettre la création multiple et simultanée aux hémisphères et aux continents, il faut nécessairement que l'homme soit né à l'époque terno-quaternaire ou bien qu'il ait passé d'un continent à l'autre avec des moyens pratiques, assez protecteurs de l'existence, soit de nourriture, soit de vêtements. Quant aux symboles identiques, ils prouvent partout une naissance reculée, mais pourtant postérieure à certaines convulsions terrestres ; car ces témoignages de pierre polie, même de poterie pétrie, sont relativement récents, à côté de la création qui les a précédés d'un nombre de siècles incalculables. La science restera, sur ce chef, quelque temps muette ou conjecturale. Le point capital est dans la découverte de l'homme antédiluvien, qui n'est pas suffisamment découvert (1). Et pour tout dire, entre le diluvium des géologues et celui de la Bible, lequel est le bon, le vrai point de départ de la difficile question ?

En se plaçant sur le terrain de la création unipersonnelle, en assignant au premier né l'Inde pour berceau, si l'on veut Ceylan, et plus précisément le cap ou le pont d'Adam, il n'est pas déraisonnable de tracer la marche de la manière suivante :

1° De l'Asie vers l'Océanie et l'Amérique.

2° De l'Asie vers l'Afrique et l'Europe.

---

(1) Il importe de multiplier les collections pour l'anthropologie et la paléontologie.

De l'Indus au fleuve Bleu, les foules, négligeant un moment l'Irân et le Thibet, deviennent les parents des Mongols et des Mandchoux. Celles-ci, aborigènes sans nom, émigrent en Amérique, non par le détroit glacial, mais plus aisément par la pointe Kamschadale, en suivant les Kourilles et les Aléoutiennes. Lisez de chaque côté les noms à suffixe identique : cap Lepatka, presqu'île Alaska et tant d'autres ; puis les mêmes désinences se continuent en nous montrant la voie des premiers Indiens, comme l'île Nootka, célèbre par sa naïve idolâtrie. Plus loin encore, sur cette côte formée par un sentier abrité, le long des deux Amériques, se développeront les débonnaires tribus indigènes anéanties par les modernes flibustiers ; la face océanique polynésienne vouée au fétichisme et aux grandeurs architectoniques, malgré les barbaries avouées aux temples du Soleil, Mazatlan, Tehuantepetl, Cuzco, Arica (Aréquip, Arauc, Arizon) (1), bien avant la face atlante, anglo-saxonne et hispaniole. — Les Aztèques, les Incas avant Colomb, Cortès et les Yankees.

Après tout, y aurait-il présomption à indiquer l'ébranlement primitif par la rencontre des similaires? On trouve au Texas des hiéroglyphes comme en Égypte.

Je suis, au contraire, décidé à reconnaître ces traces comme l'indice rationnel de l'enchaînement des plus anciennes migrations. Avec cette méthode qu'il est plus difficile de renverser que d'établir, on parvient à lier les peuples éminemment initia-

(1) W. BOLLAERT : *Peruvian antiquities.*

teurs, à n'avoir plus qu'à compter entre ceux-ci et leurs conqué-
rants subtils, égoïstes, barbares.

En fin de compte, le sens de cette marche serait seul le sujet
des contestations ; il s'agirait, en s'appuyant sur les données
acquises, de prouver lequel des deux, usant de la Côte Pacifique
et des passes du Nord, s'est le premier avancé sur le continent
voisin. Magnifique problème dignement posé ; thème oiseux
ou puéril, alors qu'il est dicté par l'amour-propre des parties
intéressées.

Reste la question à l'ordre du jour. — Que sont devenus les
primitifs après leurs pérégrinations, leurs mélanges forcés ou
attractifs ? Travail immense pour lequel la philologie et la
géographie suffisent à peine.

Il ne serait pas sans profit de publier une carte du symbolisme correspondant à celle de la civilisation graduée, et la tâche
est moins ardue en ce moment d'études avancées. Je recommande assez souvent l'emploi des cartes appliquées à toutes
sciences descriptives. La carte est à la fois un mode de présen-
tation et d'exactitude, surtout pour l'ethnographie.

Les premiers, chasseurs puis cultivateurs, ayant suivi les
fleuves, ces routes prédestinées, ont formé au milieu des terres
fertiles, une couche de colons innommés, auxquels sont associés
les colons géographiquement nommés et superposés. — Tel
serait le mode de formation originelle.

Un éclaireur, un pasteur nomade, un laboureur, puis un
intrigant, enfin des agresseurs, après eux des législateurs ; tels
furent les occupants successifs de la terre.

L'Indoustan avec ses puissants fleuves engendrés par l'Himalaya, dont le téméraire front interroge les cieux, serait la source humaine, à moins de croire à un dérivé plus ancien, celui de l'Indo-Chine.

Quant aux fleuves, on le verra par les cours d'eau annamites et chinois, par le Nil et l'Euphrate, puis, en moindre importance, par le Rhône, le Rhin et le Danube ; ils sont les voies des peuples dans l'enfantement même, celles de tous les êtres qui se meuvent. Pour cette cause, le littoral de la mer, la rive des fleuves profitent à l'explorateur qui cherche la trace des anciens. Le Gange et l'Indus sacrés servent de voies sacrées ; ils sont à l'Inde ce que l'Euphrate est à l'Assyrie, le Nil à l'Égypte ; ils naissent exubérants aux pieds des monts inaccessibles. Tous les fleuves découlent des colosses montagneux, et c'est à leurs sources intarissables que l'homme altéré a vu le jour, s'abritant sous les plus réelles magnificences de la nature. « Les civilisations sortent de l'idée de Dieu, comme un fleuve de sa source (1). »

Dans la Genèse indoue, plus ancienne que la nôtre de six mille ans, Adima (Adam) et Eva sont en scène. Adima commet la faute et la femme en profite pour avoir mérité dans l'Inde une déférence qu'elle n'a pas obtenue en Europe depuis Moïse. Seuls les Bibliques israélites et chrétiens libres tendent à émanciper la femme. L'Amazone gréco-latine ne prouvait pas la tyrannie, mais la conviction qu'on avait de l'aptitude de la femme, même à la guerre. Qui, de notre temps, songerait à l'Amazone !

_____

(1) Edg. Quinet.

Les révolutions humaines n'ont plus voulu de la Genèse pan-
théiste, d'un système qui excluait l'homme de l'autorité divine.
L'Indianisme, à ce jour, modifie un peu l'opinion des penseurs
modernes qui reconnaissent le caractère honnête, grandiose de
la Genèse indoue, aux quatre livres des Védas.

Peut-être que le panthéisme indien a été taxé d'immoralité,
parce qu'il semblait anti-national. En tout cas, l'Inde, dont
les monts élevés dominent si fièrement les fertiles plaines,
avait tout pris de haut.

Veut-on un exemple de sublime poésie (1)? « Le Gange qui
roule, c'est Dieu! la mer qui gronde en courroux, c'est Dieu!
les vents qui mugissent, la brise qui murmure, c'est Dieu!
l'éclair qui brille, le tonnerre qui éclate, c'est Dieu! l'oiseau qui
chante, la fleur qui parfume l'air, c'est Dieu! l'amour qui fait
vivre et mourir, c'est Dieu! »

« Dieu est tout, partout, en tout ; il est dans ce qui est, vit
et respire. »

Et Krichna, n'est-il pas tout poésie ?

Selon un théoricien qui cherche la précision, l'homme aurait
vu la lumière à Ceylan, paradis terrestre, attenant avant les
dernières commotions au continent, vers lequel il aurait nagé ou
vogué. Grave conjecture! L'opinion des anciens Portugais était
qu'Adam, aimant à se promener avec Éve jusqu'à la côte de
Malabar, avait jeté un môle entre l'île et le continent. Aujour-
d'hui encore, les Indous reconnaissent et vénèrent certains restes
dans les bancs de sable, qu'ils nomment Pont de Râma.

(1) *Sama-Veda.*

L'homme naquit aux couches épaisses du globe, et le centre populateur, se rapprochant des rives, aurait couru vers les bases inférieures les plus propres à subir la conquête.

Nous avons expliqué, à un point de vue spécieux, l'immigration asi-américaine ; étudions celle qui forme notre Europe si émouvante ; mais observons, ce qui ennoblit singulièrement la nature humaine, que le spiritualisme est un principe auquel ne dérogent jamais les vieux peuples connus. Ainsi le Dyaus des Védas n'est pas le ciel bleu, il est l'invocation, la prière.

Dyaus pitar.

Ζεῦ πάτερ.

Jupiter, *Jovis pater.*

Dieu père, qui êtes aux cieux.

Conformité avec la prière aryâne : « Ciel Père. »

ARYENS ET TOURANIENS.

~~~~~~~~~~

ᴜ continent indien, de ce centre actif qui, comme le temps, Χρονος, coule toujours (1), les premiers nés se divisent par besoin ou par hostilité : les uns sont voués à la plaine agricole, laborieux, sédentaires, industrieux et d'après les livres saints, poètes inspirés (Aryens); les autres (Tourâniens) nomades, plus montagnards, agressifs, acclimatés de bonne heure aux âpres vallées thibétaines, ayant incliné vers le Céleste Empire, puis donnant lieu aux races altaïques, composent enfin les Annamites, les tribus indo-sines, mongoliques et mandchouriques; d'où les Tartares,

_____

(1) Le sablier signifiait l'action indéfinie.

les Samoyèdes et Finnois, Fennes dérivés des Kalmouks (1),
y compris les Huns barbares.

En consultant les langues de la famille altaïque ainsi que la
littérature sine, on saisit les rapports des tribus d'essence
touranienne.

—— Considérer le rapport avec Alt-Turâ de Hongrie et celui
quoique improbable avec les *Turones* (Tours en Gaule). Ce
dernier séduirait les érudits qui placent les Liges, pères des
Ligures, sur la rive gauche de la Loire, *Liger* (2).

Il existe Udji-Touran dans le Khotan, extrémité occidentale
de l'empire chinois. Encore en Cochinchine, une ville du nom
de Tourâne qui ressemble à un refuge des derniers poursuivis
jusqu'aux plages océaniques.

Parmi les premiers Indiens du Gange qui remontaient le
fleuve, le passaient et opéraient un détour au Bhoûtan, quelques-
uns dûrent se déverser sur la Touranie, allant de la source des
fleuves (Meï-Kong, Yang-tse-Kiang) à leurs embouchures.
Cette contrée, par la configuration des chaînes de montagnes et
des vallées qui marquent le Thibet, ressemble, en effet, à un
déversoir.

Principe ethnographique : Les peuples ont des mouvements
instinctifs assez semblables aux coulées terrestres qui procèdent
des lois cosmiques.

En feuilletant certaines cartes allemandes, on lit toutefois le

---

(1) Castren : *Leçons de Mythologie finnoise.*
(2) Savante controverse à cet égard.

nom d'une contrée centrale, *Tûran*, souche d'expansion, située entre la mer d'Aral et la Tartarie Kirghise. — Toura, rivière, coule en Russie d'Asie Permique.

AR ET TUR.

N a beau indiquer des divisions basées sur la tradition non légendaire et l'observation positive, il y a toujours un peu de confusion ; car nulle étude n'est plus confuse, malgré les méthodes adoptées par les studieuses Académies. Exemple : Les Touraniens ont engendré les Tartares Turks ; et le Turkestan, sorte de Touranie dérivée, n'est pas éloigné d'Aral, de Kandahar, dont les racines et les désinences répétées se confondent. Inconséquence ou exception qui n'infirmerait point la règle, à cause des bizarres migrations des tribus nomades.

La règle tombe sous les sens et les initiales syllabiques *Ar* et *Tur* se rencontrent à chaque instant en ethnographie, non pas au lieu d'origine même, mais sur la route parcourue. Les citer toutes, serait difficile ; il suffit de les lire en partie ou de les entendre.

La linguistique n'est-elle pas une base de conviction? Elle avance avec non moins de jugement que d'esprit, que les initiales modifiées par une seule lettre significative, comme *M* dans *Maria*, donnent l'étendue ondulée, la plaine liquide devant *Ar*, eau courante, limitée : « *Et vocavit Deus A-ridam terram, congregationesque aquarum, appellavit M-aria.* » Genès., cap. I, v. 10.

Le premier radical signifiant un cours d'eau entre le col (thûr), la porte des montagnes (turris, thor, door), se rencontre au traversé de l'Indus, à travers l'Inde citérieure, à l'Arie des Perses, en Arachosie et spécialement sur les bords du torrent Arabis, le père naturel des Arabes et des Arabites (1).

Après cela, viennent les monts Arivali entre Hyderabad et Bombay ; le lac Aral, et au nord, la ville d'Aralsk, la rivière Aras entre le Caucase et le mont Ararat, l'Arménie, les Araméens, les Arcadiens, Arva (frères arvales), nos Arvernes, Arwe en Hongrie, Arn en Toscane et en Albanie, Aâr racine ou terminaison, multipliée à l'infini ; et du côté indo-sine, l'Aracan seul.

On a dit avec raison que Ar était le principe peuplant situé entre les deux fleuves sacrés au pied des monts, et que Tûr était la masse inculte et pesante, le Thibet avec ses escarpements et ses vallées interminables ; or, des principes contigus ne pouvaient que suivre et se rencontrer.

On a remarqué que les deux primo-radicaux, tantôt s'allient,

---

(1) Consulter Erathosthènes, Strabon et de nos jours Bopp : *Grammaire comparée des langues aryânes.*

tantôt s'excluent selon les troubles des nationalités. La poésie caledon-scandinave met en scène Odin et Ossian, de provenance hindou-aryâne, visageant les Finnois et les Esthoniens opposés en principe ethnique, sans parvenir à les subjuguer, par la pensée et le cœur. Les moins judicieux ne contrediront pas que le génie touranien est notamment exclusif ; dans le vaste empire sino-mongolique, sur la droite, il n'y a nul élément étrange introduit. L'accueil sympathique n'est pas leur fait, et ce fut la coutume de la Chine et du Japon (cipengo) de tenir l'étranger à distance.

Que d'efforts incessants de la part des Anglo-Saxons, des Germano-Suisses ; que de lenteurs à eux imposées avant d'y planter leurs drapeaux religieux et commerciaux ! Il faut la ténacité ambitieuse de ces Occidentaux, la passion des fortunes rapides, le sentiment très élevé des découvertes scientifiques pour surmonter le dégoût que peut imprimer une foule de tentatives avortées (1).

C'est le contraire du côté gauche aux Indo-Arabes, bien que l'Islam fataliste de l'ère moderne ne soit pas empressé vers les nouveaux venus. Heureusement pour la sainte cause, le culte de la nature (Olympe et Judée) avait grandi la Grèce et Rome, et le Christianisme (amour et devoir) avait déposé ses plus fécondes semences.

Un petit coin de terre devait être le moule de presque toutes

(1) Le journalisme anglais, allemand, américain emprunte une notable part de son intérêt dans les affaires de la Chine et du Japon.

les révolutions morales : la Phénicie, qu'on n'étudiera jamais assez (1).

Si je parcours les musées, je suis frappé par l'art isolément oriental, autrement que par celui de la Haute-Asie ; puis je trouve dans la vie orientale le germe européen, et par suite un souffle vivifiant qui est comme l'âme du mouvement indéfini vers les régions occidentales. Comme notre Europe a été maîtresse d'elle-même quand elle a passé pleine de vie l'Atlantique, non pour donner la clef de toutes les tendances, mais dans le sens humain, celle des arts nouveaux et de la politique !

---

(1) Bunsen : *Le Christianisme et l'Humanité.*

AGE DE LA PIERRE ET DES MÉTAUX.

Les premiers temps de l'humanité ont été longs d'une série de siècles ; l'homme intelligemment groupé dans une période relativement courte, progressa très vite, en ce sens que de l'âge de la pierre à celui des métaux, la distance dut être insensible.

On signale l'absence des métaux ouvrés dans quelques stations lacustres, puis aux cavernes hautes (1) ; il n'en est pas de même aux cavernes basses où ces métaux, quoique rares, sont quelquefois confondus avec les os du renne, les pierres polies : mélange d'armes et d'outils pour l'attaque, et le façonnement, enfin de symboliques toujours nombreux (2). Ces cavernes prouveraient la vie préhistorique, puis viendrait la succession

---

(1) Desor : *Les Palafittes ou constructions lacustres.*

(2) Même vol. : Stations lacustres.

des races connues, succession constante selon les siècles et
les idées.

Ne perdons pas de vue que les degrés de la civilisation diffèrent absolument selon les contrées. L'Égypte, par exemple,
brillait par ses lumières quand les Gaules étaient plongées dans
une profonde nuit ; et ces temps ténébreux, plus de mille ans
avant l'ère vulgaire, constituent selon moi la période *préhistorique* sur laquelle les archéologues devraient s'entendre une fois
pour toutes.

ORIGINE DE LA MÉTALLURGIE.

'ARCHÉOLOGIE, par la dénomination d'âge de bronze, basée sur un ensemble de faits positifs, établit que pendant une longue période, le bronze a été seul connu et employé, à l'exclusion des autres métaux. Cette assertion trop absolue paraît au plus admissible pour l'Europe, encore dans sa partie occidentale.

La découverte en métallurgie peut s'entendre aussi bien du fer que du bronze ; or, il faut admettre qu'en raison de sa ductilité, l'emploi du bronze a dû être préféré pour la fabrication des pièces qui primitivement étaient fondues et coulées : armes et agréments de parure. Le fer pouvait n'être utilisé que pour les outils, les gros instruments et ne pas figurer dans les sépultures.

Disons de suite que le fer, primitivement inventé à cause de l'affleurement des minerais, quelles que soient les prétentions de certains savants à la priorité du cuivre, était plus spécialement affecté aux besoins de la vie et qu'il a péri rapidement par la rouille, alors que le cuivre résistait presque sans oxydation. Il est vrai que la fusion du minerai de fer exige une chaleur plus intense, à laquelle on aurait pourvu par des méthodes originales.

Pour se convaincre, observer les collections gréco-romaines, où le fer se montre toujours rare, quoiqu'il eût été d'un emploi réitéré. Les textes les plus anciens ont des expressions que les traducteurs et les commentateurs appliquent au cuivre, à l'airain, au bronze, au fer et même à l'acier, sans qu'il soit possible d'établir l'antériorité d'un de ces métaux.

Genèse : « Tsilla enfanta Tubal Caïn qui forgeait toutes sortes d'instruments d'airain et de fer. »

Hésiode, Homère, toute la mythologie grecque citent les deux métaux.

La métallurgie florissait en Chine 2,700 ans avant notre ère.

Les traditions aryennes parlent du fer et de l'or ; rendraient-elles douteux l'usage du bronze (1) ?

Le fer est aux monuments mégalithiques de l'Inde centrale, au nord de l'Altaï chez les Tchoudes (Scythes), aux nombreux tumulus, kourgans et autres, depuis la Sibérie jusqu'au Caucase, même aux substructions de Babylone et de Ninive. Serait-il le résultat de l'industrie touràne avant toute autre? Il serait arrivé par l'intermédiaire des Scythes dans l'Europe centrale et en Gaule, vers le VIᵉ siècle avant notre ère.

---

(1) A. Mazard.

Les énormes blocs en calcaire nummulithique et en granit des pyramides d'Égypte, les sarcophages et les statues en matières dures (IV^c et V^e dynasties, 4,000 ans avant l'ère vulgaire), semblent indiquer l'emploi de l'acier. Cependant, le bronze est le seul métal dont fasse mention une stèle de l'ancien empire, et le premier instrument de fer n'a été trouvé que sous l'un des obélisques de Karnak (1) (XVIIIe dynastie).

L'absence ou l'extrême rareté d'objets en cuivre pur, dont l'emploi aura dû nécessairement précéder le bronze, ne fût-ce qu'à titre d'essai, alors surtout qu'on trouve des-traces nombreuses de fonderies, est une forte présomption que la découverte du bronze n'est pas indigène dans nos contrées.

La petitesse de la poignée des épées, celle des bracelets, a toujours paru caractériser une race orientale aux extrémités fines et délicates ; à moins de rentrer dans une opinion qui m'est chère et que certains savants amoureux des illusions, négligent trop, à savoir, que la petitesse est l'état universellement reconnu des symboles, seuls objets généralement trouvés, puisqu'après notre ère, les Galls, robustes et agissants, continuent ces formes exiguës.

Maintenant, dans quelle partie de l'Asie, en Chine, en Tartarie ou au Caucase voisin des Chalybes, faut-il chercher ce foyer d'invention et d'industrie? Grave question.

L'humanité en possession des métaux a satisfait rapidement à d'impérieux besoins, car elle écrivait plus sur métal que sur pierre ; ce progrès peut se comparer à celui où l'imprimerie, les

---

(1) V. Ch. : *Origines des Galls.*

applications récentes de la vapeur et de l'électricité ont lancé,
dans l'ère moderne, un indicible mouvement en avant.

Quoi qu'on fasse pourtant, les origines de l'humanité rési-
deront dans la ténébreuse nuit ; il sera plus facile de raisonner
sur le premier élan, qui du centre asiatique s'est porté des deux
côtés en sens inverse, surtout vers notre Occident (1), que sur
la création primordiale de l'homme et ses ramifications, malgré
les emprunts faits aux Livres saints pour lesquels la science
n'excluera jamais le respect. L'anthropologie, toutefois, n'est
plus un mystère ou une irrévérence ; elle tend chaque jour à
grouper sans haine, sans système préconçu, les plus graves
études ; elle aboutit mûrement à sa codification, et le plus
honorable avenir lui est réservé, à elle, la science du passé
humain.

---

(1) PICTET : *Les Origines indo-européennes.*

AXE ET PLATEAUX.

CEPENDANT, pour fonder l'histoire, rien n'est plus recommandable que l'étude des langues et des religions. Ce que nous savons des mœurs et de la topographie au-delà des fleuves Indus et Gange, est bien fait pour nous éclairer. J'incline à penser que le Thibet, centre des contrées sériques, est l'axe de cette balance dont l'Indo-Chine et l'Indo-Arabie sont les plateaux. Les partants de l'Inde seraient vraiment primitifs.

Par la littérature et les manifestations de l'art, il a été facile de connaître les Arabes et tout le monde musulman compris au plateau gauche, entre le Sindh et Stamboul.

La conquête anglaise et les incursions récentes de la Russie, ont comme percé à jour cet Orient méditerranéen pontique et persique, sur lequel avaient débordé les hordes ; et pour cause ! — car un champ de blé fut un berceau humain.

Il faut toutefois remarquer que ce débordement spécial laissait des passages pour certains primitifs qui tendaient vers le Nord. L'intégrité des races, nous le redirons sans cesse, n'est pas chez tous les peuples, et l'exception côtoie la règle. Ainsi les Tungouses ont l'Être Suprême, *Bauga*, qui serait devenu le *Bog* des Russes, tandis que leur *Jumala*, le ciel (*Juma*, tonnerre, *La*, lieu) dériverait de l'indostani. — *Ink*, mesure de longueur employée dans le Japon, aurait formé Inkarim, première station sur la route vers Prah (Siam), et Inkarim syrien. Même consonnance finale entre le Keroubim, le Seraphim de l'Assyrie, l'hébreu Rodanim, Kaphtorim et le phénique Kabirim.

Quoi qu'il en soit, j'inclinerais vers cette opinion que la marche des Aryânes est postérieure à celle des Tourânes et que ceux-ci, disposés naturellement vers les régions sines, auraient néanmoins pu pénétrer jusqu'en Chaldée, et de là facilement sur quelques points de l'étroite Phénicie (1). Cette interprétation serait la seule qui donne la solution du problème chez les Accads et les Chaldéens, plus encore de l'imitation de l'art tourâne, manifestée même chez les Gallo-Grecs (2). Les Aryâs, les moins nombreux, appartiendraient surtout au centre de l'Indoustan où se mélangent les races persécutées. Entre les deux plateaux, le caractère entier, exclusif, semble plus appartenir aux races sines, qui partent du droit de la Chine. L'exception ne subsiste

---

(1) V. même vol. : Ère celtique.

(2) Tous les antiquaires connaissent le mortier à *côtes* du pharmacien gallo-grec, type émané de la Phénicie, probablement tiré de la Chine qui fabrique encore le même en jade.

que sur le point le plus rapproché de l'Inde et donne lieu à l'Indo-Chine.

Tourâne, ville, est bâtie au centre de l'empire d'Annam ; et là nous constatons, pour les plus vulgaires détails, des juxta-positions probablement successives : le turban turc se montrant près de la toque moscovite ; les coiffures chinoises près des bonnets syro-persans (1). Certains savants, pour marquer le caractère cosmopolite, ou mieux la préexistence des Tourâniens, soutiennent qu'Anam a donné la racine de Dananas, Danaos en grec, alors que la presqu'île Malacca serait devenue la Cher-sonèse d'Or. Le vrai ne serait-il pas qu'Aryâ avait un peu déversé sur Anam ?

Sur ce coin de terre, qui peut disputer la création à l'Indous-tan, on est frappé moins du mélange que des vicinités des races et de leur intégrité sur un sol, même restreint.

Le premier devoir de la nouvelle expédition française, qui est en marche, sera l'observation attentive et minutieuse des types humains ; un anthropologue, un érudit physionomiste devient le personnage obligé quand il s'agit d'atteindre les sources des fleuves nés au Thibet. Nulle contrée plus précieuse que l'Indo-Chine. En la parcourant sur la carte seule, on est abandonné à mille conjectures.

A défaut de tradition écrite, n'y aurait-il pas lieu de s'arrêter à cette idée : que l'ancienneté des origines est relative à celle de la population ? Cette proposition, si elle était adoptée, donnerait

---

(1) Voyage du brave et regretté Francis Garnier. — Mission nouvelle de Delaporte. — Exploration du fleuve Rouge, par le général Dupuy.

à l'Empire Céleste, ou tout au moins à son voisin (Chersonèse transgangétique), l'antiquité la plus reculée ; et celui-ci avant l'Indoustan aurait vu naître, sinon le premier homme, du moins les primitives familles.

Éloignés de toute lumière intellectuelle, séparés par les fleuves profonds et les hautes montagnes, entourés en partie par l'Océan, accablés par les chaleurs qui rendent sédentaires, ces peuples sont ce qu'ils étaient. Les monuments religieux le disent.

L'art et la foi ont opéré de singulières similitudes, comme au temps de Boudhâ, devançant les tendances de l'expression catholique (1). Suivons-les un instant : — Les splendides pagodes (Angcor et Baïon) sont délaissées pour les temples plus petits et plus commodes. Nos cathédrales sont moins fréquentées que nos chapelles. — Les corniches exhibent des arabesques conformes à celles que nous croyons imitées des Grecs. Les colonnes et les chapiteaux sont ornés de feuillage et le coco remplace l'acanthe si découpée à Corinthe. — La pagode a un autel, sa chaire ornementée, son cierge dans un chandelier colossal, comme le cierge des Pâques, le métallique tam-tam ou gong; et les cloches sont au clocher.

On distingue parmi les ornements des vieilles ruines, l'éventail à plumes et à larges feuilles, tel qu'il figure aux processions curules du Souverain-Pontife.

Les inscriptions qu'on remarque dans les frises sont com-

---

(1) Comte de Croizier, 1875 : *L'Art K'hmer.*

posées de lettres à formes humaines et animales, toutes courbées vers la terre avec des queues retroussées. Cette combinaison semble la conception du mode épigraphique phénicien, transmis plus tard aux Etrusques. La pagode de Xien-Kang a des dessins grecs et des panneaux à sujets variés, comme natures mortes, fleurs, etc., façon Pompeï (1).

Donc, une inconséquence de plus : en vraie Touranie ou tout à côté, les sentiments occidentaux romano-byzantins. Boudhâ, introduit 61 ans après Jésus-Christ, constitue une vaste église asiatique, mais Brahma est la tête qui inspire.

Après le Dieu qui spiritualise, Noé a régénéré (2), Moïse a commandé, Jésus a sauvé, Mahomet mal imité.

On sait, à n'en plus douter, que l'élément tourâne, très développé chez les K'mhers et les Laotiens (Anam et Birman), a cheminé vers l'est chinois et le nord sibérien, traversant le Yun-Nam, où le type semble lapon et finnois, puis les immenses fleuves comme ce père des eaux, le rapide Yang-tse-Kiang, et atteignant la neigeuse Sibérie russe.

Une fois au courant de ces variations, de ces contrastes ethniques, je m'explique bien qu'étant aux sources de Rhâ (la Volga), je respirais autant l'air de l'Asie que sur le Nil, ou en Arabie.

Venons aux nôtres, aux Aryâs.

La pensée aryâne et sémitique a suivi deux courants allant de l'Indus à l'Atlantique, et de l'Euphrate à la Méditerranée. Les

---

(1) V. les gravures du *Tour du Monde*, publication distinguée.

(2) Nanah, Navah, Nouah.

occupants de la vieille Europe ont apporté les éléments fédé-
ratifs (sociabilité politique), les noblesses artistiques (colonne,
coupole et ogive). Et quand on considère les moindres détails,
ce monde qui a tant captivé l'attention par les arts, la guerre,
le droit public, les mœurs policées, n'apparaît qu'une faible
partie du tout.

Les Aryens artisans, réprouvant les politiques tracassiers et
rapineurs, se scindent promptement en Aryâs (Scythes, Slaves,
Gallo-Germains), et en Semites (Celtes et Pelasges) (1).

Cette division, qui aura ses subdivisions infinies, semble une
loi naturelle des hommes. Serait-elle le fait de l'égoïsme, lequel
naît de l'intelligence et des passions?

Pour cela, laissant les premiers Indiens, ceux chez lesquels
les notions religieuses et policées se remarquent en principe
(Boudhisme, Brahmanisme; pagodes chinoises, temples d'Ellora,
Salsett (2), Chanda, Djaggernaut, Mysore, Delhi, Benarès),
nous sommes frappé par l'ingéniosité des Assyriens, des
Égyptiens, des Phéniciens et des Hellènes. Ces effluves sont
limités selon le caractère des races, qui vont loin, vite ou lentement, quelquefois séjournent tout près, s'arrêtant si la nature
ne convient.

Notre classification en primitifs et en colons reste logique.
Les seconds se greffent sur les premiers, qu'ils soient envoyés
par les empereurs ou chassés sur les terres occupées.

Pour être d'une exactitude parfaite, il faudrait dire que les

_____

(1) V. ch. : *Ère celtique et galloise.*
(2) Edm. CHISHULL : *Antiquités de l'Asie.*

primitifs se confondent avec les préhistoriques, ceux qui, forcé-
ment, échappent au domaine de l'histoire.

N'est-il pas vrai qu'à propos des Aryens révélés par les
sublimes poèmes sanskrits, il est permis de se demander si,
primitifs, ils ont fondé l'Arie géographiquement connue ; ou si,
différemment, cette Arie a déversé sa religieuse et blanche famille
dans l'Inde, alors que, d'un autre côté, la Touranie jaune y
apportait la sienne ? « Quand la blanche famille aryenne s'avança
dans le Saptas indou, ce ne fut pas sans lutte que la race jaune
indigène, inculte dans ses mœurs, grossière dans ses penchants,
n'ayant aucune notion de la divinité, subit l'ascendant de ces
étrangers qui, fiers de la pureté de leur type, de la délicatesse
de leurs goûts, religieux d'instinct, fondaient leur autorité sur
la noblesse de leur origine et la volonté des dieux. Les Dasyous,
si méprisés des Aryas, leur étaient cependant supérieurs en
nombre (1). »

Toutes ces notions essentielles sont aujourd'hui le sujet
d'études constantes ; et leur codification se résume en un mot
riche d'idées, *orientalisme*.

L'Orient asiatique aura prochainement sa géographie, sa
statistique complète, son industrie, sa situation économique
mieux connue. Au surplus, l'histoire des populations ne cessera
pas d'être une énigme aussi longtemps que nous n'en con-
naîtrons pas les langues, premier et dernier terme de l'exploration scientifique.

Après la linguistique, la philologie comparée. Le sanskrit,

(1) Clarisse BADER : *La Femme dans l'Inde antique.*

qui intéresse le plus l'Europe, a démontré qu'un élément commun existe dans les idiomes grec et latin, et que les langues vivantes de notre Occident sont au fond indo-euro-péanes, parce qu'elles procèdent de l'Inde semi-primitive, sans prouver que les couches ariennes aient anéanti partout les autochthones.

— Consulter à cet égard les grammairiens indous, les pro-fondes et séduisantes études des indianistes à Londres, à Calcutta, en France et en Allemagne, les articles savants sur la grammaire védique (1). — Il y a encore un livre considérable à publier sur les races.

---

(1) Textor Ravisi : *Texte sur les origines du brahmanisme actuel.*

ORIGINALITÉ ET OPPOSITION.

~~~~~~~~~

EPENDANT, certains peuples très anciens restent dans leurs limites et sont comme leurs propres colons ; tels les Chinois, les Égyptiens, pour avoir manqué d'expansion ou d'ambition. Ces derniers avaient grandi sur place pour tomber et ne se relever qu'à l'heure présente. Bien différents seront les Phéniciens, leurs proches voisins, puis les Syriens occupant un rivage étroit, borné par la haute montagne ; ils s'élanceront comme à la nage, poussés par le besoin ou la curiosité, animés du désir de fonder au loin. Même antithèse reconnue de notre temps entre la branche gallo-franque sédentaire et la branche agitée pérégrinante, anglo-saxonne.

Telle est l'exégèse que l'on peut présenter de ces idées sur la formation des rameaux indigènes ; car ces Asiatiques sont bien nommés *indigènes.*

On croit que l'Égypte et la Chine furent peuplées à quelques siècles de distance ; la première donnant de suite un plus vif essor à tous les arts, à leur régulier développement. La longue vallée du Nil est le principe créateur des lignes qui prépareront la loi de toute correction. Les peintures de Thèbes, 1900 ans avant J.-C., montrent la fabrication et de plus la concordance des ouvriers modernes avec les Égyptiens. La Chine, plus ancienne en rouerie politique, est restée adroite et bizarre (métaux et céramie) (1). Elle paraît un atelier de subtiles fantaisies, et suggère cette image pantagruélique où l'aspect de la terre offre à l'imagination des formes quasi-humaines.

Ce globe sur lequel s'agitent tous les règnes de la nature, n'est-il pas lui-même le plus puissant des organiques vertébrés ?

Le Sinus chinois y figurerait le sein ; et l'Occident européen avec sa froide chevelure, ses organes cérébraux, un être de sensible intelligence. Les Alpes formeraient le *cerebrum* moteur, et le Caucase se joignant à l'Himalaya thibétain, la vigoureuse structure des vertèbres. Comment contester le *genus* à l'Inde, principe de vie digne d'occuper l'éternelle attention ; et à l'Afrique, toute la base du corps, depuis les hanches de l'Égypte, la Mauritanie, jusqu'à la nerveuse plante du pied, le cap des Ondes, des Aiguilles, des Tempêtes ?

Les races noires des centres équatoriaux exprimeraient les molécules opaques rejetées par les fonctions incessantes des siècles qui convertissent aux races blanches.

Autre combinaison possible avec les deux Amériques ; car la

---

(1) Chalmers et Medhurst.

méridionale n'est pas loin de ressembler, en se visageant, à l'Afrique brûlée ; le golfe du Mexique fonctionnerait avec son *gulf stream*, en vrai creuset de l'élaboration, alors que la base chilo-patagone et le cap Horn s'appuyeraient comme une autre nerveuse plante du pied américain.

Cet aperçu d'ontologie continentale est ici placé sans prétention, avec l'humble croyance d'être un jour approuvé. Une dernière pensée m'est venue à propos des variétés, plus encore des discordances entre les types de la faune et de la flore (1). Quoi de plus discordant que la palme du *Phœnix* dactylifère arabe, avec celle du *Chamærops* chinois ou du *Corypha* australien ? De même pour les conifères et les araucariées ; de même pour les fleurs avec ou sans parfum : rose, jasmin ; camélia, azalée. Opposition conforme aux traitements spéciaux que l'horticulteur ménage partout aux trois types *sui generis*, plantes de Java, du Brésil, de l'Australie (2).

Les animaux qui se meuvent sont des preuves moindres que les végétaux, quoi qu'on puisse écrire sur la région des tigres et des lions (3).

La configuration tourmentée, saccadée du continent chinois, prépare la ruse, le sens gouvernemental. L'art montre quelques affinités avec le gouvernement ; bien plus avec la nature locale. J'incline à penser, juste opinion qui donne la clef des études

---

(1) Brongniart.

(2) Expériences de mon ami E. Mazel. — Traité spécial à la Tasmanie, par Robert Brown, que j'avais connu à Londres.

(3) MM. Schimper, G. de Saporta.

asi-mongoliques (1), que les deux courants déjà mentionnés (2) s'y sont rarement confondus, et que l'originalité heurtée, propre à la contrée chino-japonaise (plaines labourables, montagnes, sources des fleuves), favorise ce ton mixte qui marque les Ind-Orientaux.

Au moment où tout s'ébranle et se divise, le nouvel hémisphère était visité par les hauts Mongols, familiarisés avec les régions glaciales arctiques. Il est naturel de croire au passage du détroit (Behring) en sautant d'une île à l'autre à travers les archipels, plus qu'à la navigation océanique, et encore mieux, comme nous l'avons écrit ci-dessus, à l'immigration à pied sec, avant la disjonction des terres, en tant que l'homme ternaire dût exister. La descente s'opère alors le long des montagnes Rocheuses, sur la côte abritée, puis aux plateaux aurifères du Mexique et du Pérou, élevant les temples, les idoles, jusqu'au jour où l'ambitieux conquérant démolira, sacrifiera, ruinera tout (3).

Cette marche est considérée la plus logique pour l'explication du keltisme universel (4).

A. de Humboldt, qu'il faut citer à propos des religieux mexico-péruviens aussi bien que Schott, à propos de la littérature chinoise, insiste sur l'avantage des symboles sacrés chez les premiers peuples, comme un lien fraternel. Ils facilitent les

---

(1) Endlicher : *Chinesische Grammatik.*
(2) Ar et Tûr.
(3) D'Orbigny : *L'Homme américain.*
(4) V. Ch. *Ère celtique et galloise.*

preuves de la chaîne non interrompue des familles que l'intérêt seul divise. Humboldt, usant de l'autorité de sa grande érudition, soulève la grave question de la *répétition rhythmique*. Ce savant croit à l'originalité des mêmes formes, des mêmes dessins en divers lieux (grecques, méandres, arabesques), avant qu'il y ait eu communication entre les peuples isolés. Kreutzer, dans sa *Symbolique*, résume tout.

Dès que ce mouvement sur la droite fut accompli, les Mèdes, les Assyriens, les Égypto-Phéniciens s'agitèrent, ne créant d'abord que des mythes religieux essentiellement artistiques, principe grandiose de nos civilisations.

A ce moment seul, il est permis de parler de la transformation en civilisés et colons. La répartition des diverses tribus à la surface du globe est assez avancée pour que chacun revendique le titre d'indigènes (aborigènes), bien que cette prétention paraisse exagérée.

Remarquez, de plus, que les deux Amériques, comme l'Asie tropicale, ont de véritables Indiens subsistant encore, ne disparaissant que devant l'égoïste et orgueilleux de l'Atlantique.

Nous aurons souvent à revenir, pour la clarté du récit et la preuve des assertions, sur le point de départ qui est l'Orient, la contrée de la tiède lumière, des aspects graves, des lignes monumentales, puis des ornements, que ceux-ci se nomment statues, reliefs, frises, corniches, fresques, styles et poésies écrites ou chantées.

Quand j'ai dû me placer en face des immenses constructions indou-assyriennes et égyptiennes, j'ai été frappé de cette idée que les monuments, à l'exception de leur état colossal, ressem-

blent aux hommes qui les ont édifiés. Dans la politique comme
dans l'art, toute idée supérieure procède et conclut de l'individu
au type (1). Les temples de l'Inde, annamites, siamois, s'harmonisent avec les natifs des presqu'îles arrosées par les fleuves
sacrés ; Babylone, Ninive, Persépolis, Palmyre resssemblèrent
aux Mèdes, Perses, tous descendants du versant ary-méridional
du Caucase. Thèbes et Memphis eurent la physionomie des
Pharaons de la secte hiéroglyphique.

On n'élève avec succès que ce que l'on comprend. C'est un
des caractères les plus nobles de l'art, d'être conforme à l'intention, de ne point mentir. Le mensonge donnerait l'horreur, le
dérèglement, la caricature.

Toutefois, un point sur lequel l'esthétique de l'anthropologie
semble muette, est l'application du tour à la céramie, même
grossière. Quand on considère la prodigieuse quantité de
poteries tournées introduites aux tombeaux de l'univers, on
serait autorisé à dire : l'âge de la poterie tournée.

Cette phase a une signification originale, sur laquelle j'appelle
l'attention des Sociétés savantes qui résoudraient quelques pro-
blèmes, si elles consentaient à cette précieuse classification en
dehors des âges de la pierre et des métaux. Qu'on veuille bien
s'appliquer à notre humble projet ; comme l'art est subitement
et prodigieusement modifié, comme il y a place pour la morale
piété, dès le moment qu'on peut la traduire conformément à la
pensée, de mille manières ; combien il devient simple d'adorer
Dieu, de consacrer le respect aux morts et, plus tard, la sagesse

(1) Jules Amigues.

des lois entre vivants, dès que le symbolisme peut se développer par les arts faciles, à la portée de tous !

Ce sentiment se généralise par la pratique du tour ; c'est pour cela que je demande une mention en faveur de la céramie tournée et des subtiles et harmonieuses combinaisons qui la reproduisent. Avec un choix de tessons, la découverte des deux Amériques s'opère quelques mille ans avant celle par les Européens du XIIᵉ siècle (1).

Un jour, les antiquaires rendront hommage à cette simple découverte qui fit le tour du monde ; car la facilité de façonner marque une ère d'avancement notable à plusieurs titres.

Je fais des vœux, quelle que soit la difficulté, pour qu'on produise une carte de cette initiation, propre à révéler la généalogie des groupes recourant à des mythes presque identiques.

Le tour donne le premier moyen d'impulsion, depuis 4,000 ans, si bien qu'il encourage la cuisson des terres vitreuses et argileuses, qu'il s'est imposé comme une nécessité, le nombre des poteries non tournées paraissant excessivement réduit (2). — Véritable création humaine, comme le navire, ce premier moyen de sociabilité cosmopolite. La nef, nave, *navis*, ναυς, tous féminins à racines et à formes longues. La nef est une des façons pratiques du cercle, de ce cercle principe dont l'antiquité déduit des milliers de conséquences non moins utiles que gracieuses.

Pour résumer l'esthétique des anciens, il ne faut pas oublier que la terre est demeurée un temps infini avant d'être peuplée ; mais

(1) Lire *les Américanistes* et les *Inscriptions du Groënland*.
(2) HAYNE : *Toreutique des anciens.*

ensuite, les manifestations se sont produites, différées seulement par les moyens. Bien que les plus vieux monuments ne procèdent pas de la fabuleuse fatalité, l'art indien et le chinois appartiennent aux temps obscurs, quarante siècles avant l'ère vulgaire, un peu après le déluge. L'assyrien et l'égyptien sont plus rapprochés et ont des termes mixtes, 3,000 à 2,000 ans. Le grec et le romain sont ceux de peuples initiés par l'Égypte, plus encore par l'Assyrie ; parents eux-mêmes de nombreuses colonies, 1,000 ans avant et après. En examinant l'ornement assyrien dans les restes mosaïques, il est facile de suivre sa filiation, son influence sur le grec.

Toutes les fois que l'épigraphie subsiste, donnant une langue, expliquant une suite de rois ou de hauts faits, la lumière perce (1) ; sous ces rapports, il faut bien l'avouer, la science est sortie des langes. De l'Inde, presque rien ; de la Chine, peu ; mais de l'Assyrie, passablement ; de l'Égypte, beaucoup.

Entre l'art égyptien et le thibétain, chinois, japonais, il y a un abîme : le culte de la ligne ou le concept des bizarreries. La pureté issue du premier, le type rectangulaire obtenu dans l'un des segments de la famille caucasique (Mingrélie, Imeréthie) a la valeur d'une bonne fortune, contrairement à l'excentricité des brisures et des crudités même harmonisées. Le point de départ a été tel que nous nous conformerons volontiers à cette opinion, bien qu'il y ait à écrire des critiques louangeuses sur les industries imagées et ornées des races mongoliques sines : invention

---

(1) Mémoire de l'abbé Barthélemy sur les rapports des langues égyptienne, phénicienne et grecque.

de la porcelaine, ensuite fabrication des vases murrhins qui met les sinologues aux prises avec les égyptologues. On éprouve une complète satisfaction à traiter l'art né sur les bords de l'Euphrate, du Tigre ou du Nil, parce qu'on en saisit l'influx sur l'Europe méridionale, tandis que les voies liquides du Céleste Empire s'épuisent obscurément dans les mers, asile du typhon et de la piraterie.